Münsterschwarzacher Psalter

Münsterschwarzacher Psalter
Die Psalmen

Vier-Türme-Verlag

Imprimatur, Würzburg, 29. Juli 2002
Dr. Karl Hillenbrand, Generalvikar

Die Übertragung aus dem Hebräischen wurde erarbeitet von
den Benediktinermönchen
Georg Braulik (Wien)
Rhabanus Erbacher (Münsterschwarzach)
Notker Füglister (Disentis) (†)
Roman Hofer (Engelberg)
Pirmin Hugger (Münsterschwarzach)
Willibald Kuhnigk (Nütschau)

1. Auflage 2003
© Vier-Türme GmbH, Verlag, Münsterschwarzach 2003
Umschlaggestaltung: Armin Stingl, Fürth
Druck und Bindung: Friedrich Pustet, Regensburg
www.vier-tuerme.de

ISBN 3-87868-235-2: Leinen
ISBN 3-87868-236-0: Broschiert

Inhalt

DIE PSALMEN

ANHANG
I Nachwort von Norbert Lohfink
II Mit Psalmen leben

Die Psalmen

1

1 Selig der Mensch, der nicht dem Rat der Frevler folgt, /
der nicht betritt den Weg der Sünder,*
nicht sitzt im Kreise der Spötter,

2 der vielmehr seine Lust hat an der Weisung des HERRN,*
der bei Tag und bei Nacht über seine Weisung nachsinnt.

3 Er gleicht dem Baum, der an Wasserbächen gepflanzt ist, /
der zur rechten Zeit seine Frucht bringt*
und dessen Blätter nicht welken.

Was immer er tut,*
es wird ihm gelingen.

4 Nicht so die Frevler!*
Sie sind wie Spreu, die der Wind vor sich hertreibt.

5 Darum werden Frevler im Gericht nicht bestehen,*
noch Sünder in der Gemeinde der Gerechten.

6 Denn der HERR weiß um den Weg der Gerechten,*
aber der Weg der Frevler verliert sich.

2

1 Was toben die Völker?*
  Was sinnen die Nationen nichtige Pläne?

2 Die Könige der Erde stehen auf, /
  die Mächtigen tun sich zusammen*
  gegen den HERRN und seinen Gesalbten:

3 »Wir wollen ihre Fesseln zerreißen*
  und von uns werfen ihre Stricke!«

4 Der im Himmel thront – er lacht,*
  es spottet ihrer der Herr.

5 Dann spricht er zu ihnen in seinem Zorn,*
  er schreckt sie auf in seinem Grimm:

6 »Ich selber habe meinen König eingesetzt*
  auf Zion, meinem heiligen Berg.«

7 Verkünden will ich den Beschluß des HERRN. /
  Er sprach zu mir: »Du bist mein Sohn.*
  Ich selber habe dich heute gezeugt.

8 Fordre von mir, und ich gebe dir die Völker zum Erbe,*
  zum Eigentum die Enden der Erde.

9 Du wirst sie zerschlagen mit eisernem Zepter,*
  wie Töpfergeschirr sie zerschmettern!«

10 So nehmt nun Einsicht an, ihr Könige,*
   laßt euch warnen, ihr Richter der Erde!

11 Dient dem HERRN in Furcht, /
   frohlockt ihm mit Beben,*
12 – küsset den Sohn –

   damit er nicht zürnt,*
   und ihr nicht verlorengeht auf eurem Weg.

   Denn wenig nur, und sein Zorn ist entbrannt.*
   Selig alle, die bei ihm sich bergen!

3

Ein Davidspsalm. Als er vor seinem Sohn Abschalom floh.

2 O Herr, wie sind meine Bedränger so viele,*
 wie viele sind es, die gegen mich aufstehn!

3 Viele sind es, die von mir sagen:*
 »Bei Gott ist für ihn keine Rettung.«

4 Du aber, Herr, bist ein Schild für mich;*
 du erhebst mir das Haupt, du bist meine Ehre.

5 Laut habe ich zum Herrn gerufen,*
 da gab er mir Antwort von seinem heiligen Berge.

6 Ich legte mich nieder und schlief, −*
 ich wachte auf, denn der Herr ist mir Stütze.

7 Viele Tausende von Kriegern fürchte ich nicht,*
 wenn sie mich ringsum belagern.

8 O Herr, steh auf!*
 Mein Gott, bring mir Rettung!

 Denn all meinen Feinden hast du den Kiefer zerschlagen,*
 die Zähne der Frevler hast du zerbrochen.

9 Beim Herrn ist die Rettung.*
 Auf dein Volk kommt dein Segen!

4

Dem Musikmeister. Mit Saitenspiel.
Ein Davidspsalm.

2 Wenn ich rufe, gib mir Antwort,*
du Gott, der für mich Recht schafft.

Du hast mir Raum geschaffen in der Bedrängnis,*
sei mir gnädig und höre mein Beten!

3 Ihr Mächtigen, wie lange noch schmäht ihr meine Ehre,*
wie lang liebt ihr das Nichtige und sucht die Lüge?

4 Erkennt: Den Treuen hat der Herr sich auserwählt.*
Der Herr – er hört es, wenn ich zu ihm rufe.

5 Erschreckt und laßt die Sünde!*
Bedenkt es auf eurem Lager und werdet stille!

6 Bringet rechte Opfer dar,*
auf den Herrn setzt euer Vertrauen!

7 Viele sind es, die sagen: /
»Wer läßt uns Gutes erfahren?*
Über uns, o Herr, erhebe dein leuchtendes Antlitz!«

8 Du hast mir weit größere Freude ins Herz gelegt,*
als jene sie haben bei Korn und Wein in Fülle.

9 In Frieden leg ich mich nieder und schlafe;*
denn du allein, Herr, läßt mich sorglos wohnen.

5

DEM MUSIKMEISTER. ZUM FLÖTENSPIEL.
EIN DAVIDSPSALM.

2 Meinen Worten, o HERR, neige dein Ohr,*
achte auf mein Seufzen!

3 Vernimm mein lautes Schreien,
    mein Gott und mein König,*
wenn ich zu dir flehe.

4 HERR, am Morgen wirst du mein Rufen hören,*
am Morgen rüste ich dir das Opfer und halte Ausschau.

5 Denn du bist kein Gott, der an Frevel Gefallen hat,*
ein Böser hat bei dir kein Gastrecht.

6 Stolze kommen dir nicht vor die Augen,*
du hassest alle, die Unrecht tun.

7 Zugrunde gehen läßt du die Lügner,*
Mörder und Betrüger sind dem HERRN ein Greuel.

8 Ich aber darf dein Haus betreten*
dank deiner reichen Güte,

darf mich niederwerfen in Ehrfurcht*
hin zu deiner heiligen Halle.

9 Leite mich, HERR, /
der du mir Recht schaffst gegen meine Feinde,*
mach deinen Weg vor mir eben.

10 Denn in ihrem Mund ist nichts Wahres,*
ihr Inneres ist voller Verderben.

Ein geöffnetes Grab ist ihre Kehle,*
sie reden mit glatter Zunge.

11 Laß sie es büßen, o Gott!*
Sie sollen fallen durch ihre eigenen Pläne.

Ob der Menge ihrer Frevel verstoße sie,*
weil sie sich gegen dich empörten!

12 Doch freuen sollen sich alle, die bei dir sich bergen,*
in Ewigkeit sollen sie jubeln.

Beschütze sie und lasse deiner sich rühmen,*
die deinen Namen lieben.

13 Denn du, HERR, segnest den Gerechten.*
Wie mit einem Schild umgibst du ihn mit deiner Gnade.

6

DEM MUSIKMEISTER. MIT SAITENSPIEL.
AUF DER SCHEMINIT. EIN DAVIDSPSALM.

2 HERR, züchtige mich nicht in deinem Zorn!*
Weis mich doch nicht so grimmig zurecht!

3 Sei mir gnädig, HERR, denn ich welke dahin;*
heile mich, HERR, – in meine Glieder fuhr der Schrecken.

4 Meine Seele ist zutiefst erschrocken.*
Du aber, HERR, – wie lange noch!

5 HERR, wende dich doch her und befreie mich,*
um deiner Liebe willen rette mich.

6 Denn niemand denkt an dich im Tod.*
Wer wird dich preisen in der Unterwelt?

7 Ich bin erschöpft vom Seufzen, /
jede Nacht benetze ich weinend mein Bett,*
ich überschwemme mein Lager mit Tränen.

8 Mein Auge ist getrübt vor Gram,*
matt geworden wegen all meiner Bedränger.

9 Ihr Übeltäter alle, weicht zurück von mir!*
Denn der HERR hat mein lautes Weinen gehört.

10 Gehört hat der HERR mein Flehen,*
der HERR nimmt mein Beten an.

11 In Scham und Schrecken geraten all meine Feinde,*
sie müssen sich wenden, sie werden plötzlich beschämt.

7

Ein Davids-Schiggajon. Er sang es dem Herrn,
wegen der Worte des Benjaminiters Kusch.

2 Herr, mein Gott, bei dir finde ich Zuflucht,*
   rette mich vor all meinen Verfolgern und befreie mich,

3 daß man mich nicht zerreißt wie ein Löwe,*
   mich zerfleischt – und da ist kein Befreier.

4 Wenn ich das getan habe, Herr, mein Gott,*
   wenn an meinen Händen Unrecht klebt,

5 wenn ich dem, der mir friedlich gesonnen war, Böses tat,*
   – ich befreie sogar den, der mich grundlos bedrängt hat –

6 dann soll mich der Feind verfolgen und ergreifen: /
   er zertrete mein Leben am Boden*
   und strecke in den Staub meine Ehre.

7 Herr, steh auf in deinem Zorn,*
   erhebe dich gegen die Wut meiner Bedränger.

   Wach auf, du mein Gott!*
   Das Gericht hast du anberaumt.

8 Die Versammlung der Völker umgibt dich. /
   Über ihr nimm Platz in der Höhe!*
9 Der Herr richtet die Völker.

   Verschaffe mir Recht, o Herr, nach meiner Gerechtigkeit,*
   da an mir kein Tadel ist.

10 Ein Ende nehme die Bosheit der Frevler! /
   Bestand aber gib dem Gerechten,*
   gerechter Gott, der du prüfst auf Herz und Nieren.

11 Mein Schild ist Gott, der Höchste,*
   der Retter derer, die redlichen Herzens sind.

12 Gott ist ein gerechter Richter,*
   ein drohender Gott alle Tage.

13 Fürwahr, wieder schärft der Frevler sein Schwert,*
   spannt seinen Bogen und richtet ihn:

14 Todeswaffen richtet er gegen sich selbst,*
   bereitet sich glühende Pfeile.

15 Siehe, Frevel empfängt er, /
   geht schwanger mit Unheil,*
   und Tücke gebiert er.

16 Er gräbt einen Schacht und hebt ihn aus*
   – und stürzt in die Grube, die er gemacht hat.

17 Das Unheil kehrt auf sein eigenes Haupt zurück,*
   seine Gewalttat fällt auf seinen eigenen Scheitel.

18 Danken will ich dem HERRN nach seiner Gerechtigkeit,*
   dem Namen des HERRN, des Höchsten, will ich spielen!

8

DEM MUSIKMEISTER. AUF DER GITTIT.
EIN DAVIDSPSALM.

2 HERR, unser Herrscher,*
wie herrlich ist dein Name auf der ganzen Erde!

Deine Hoheit, weit über die Himmel hin,
 will ich besingen*
3 mit der Kinder und Säuglinge Mund.

Eine Feste hast du gegründet, deinen Gegnern
 zum Trotz,*
zum Schweigen zu bringen den Feind und den Rächer.

4 Schaue ich deinen Himmel, das Werk deiner Finger,*
Mond und Sterne, die du befestigt hast:

5 Was ist der Mensch, daß du seiner gedenkst,*
des Menschen Kind, daß du seiner dich annimmst?

6 Du hast ihn nur wenig geringer gemacht als Gott,*
hast ihn gekrönt mit Herrlichkeit und Pracht.

7 Du hast ihn als Herrscher gesetzt über das Werk
 deiner Hände,*
alles legtest du ihm unter die Füße:

8 die Schafe und Ziegen und Rinder,*
und auch die Tiere des Feldes,

9 die Vögel des Himmels und die Fische im Meer,*
und ihn, der dahinzieht die Pfade der Meere.

10 HERR, unser Herrscher,*
wie herrlich ist dein Name auf der ganzen Erde!

9/10

DEM MUSIKMEISTER. AUF »STIRB FÜR DEN SOHN«.
EIN DAVIDSPSALM.

2 Ich will danken, HERR, aus ganzem Herzen,*
erzählen will ich all deine Wunder.

3 Ich will mich deiner freuen und jauchzen,*
deinem Namen, o Höchster, will ich spielen.

4 Denn zurückgewichen sind meine Feinde,*
sie straucheln und werden vor deinem Antlitz zunichte.

5 Ja, du hast mir Recht verschafft und für mich entschieden,*
du hast dich auf den Thron gesetzt, gerechter Richter.

6 Du hast den Völkern gedroht,/
den Frevler vernichtet,*
hast ihren Namen ausgelöscht für immer und ewig.

7 Der Feind ist dahin, zertrümmert für immer.*
Du hast Städte entvölkert, ihr Andenken wurde zunichte.

8 Doch siehe, der HERR thront auf ewig,*
zum Gericht stellt er seinen Thron auf.

9 Er selber richtet den Erdkreis gerecht,*
er spricht den Völkern nach Gebühr das Urteil.

10 So wird der H ERR für den Bedrückten zur Burg,*
   zur Burg in Zeiten der Drangsal.

11 Darum vertraut auf dich, wer deinen Namen kennt:*
   Du, H ERR, hast keinen, der dich sucht, je verlassen.

12 Spielt dem H ERRN, der thront auf dem Zion,*
   verkündet unter den Völkern seine Taten!

13 Denn er, der Blutschuld ahndet, hat an die Armen gedacht,*
   den Notschrei der Armen hat er nicht vergessen.

14 Sei mir gnädig, o H ERR! /
   Sieh doch mein Elend, wie sie mich hassen,*
   du, der mich emporhebt aus den Pforten des Todes.

15 Damit ich erzähle von all deinem Ruhm*
   und in den Toren der Tochter Zion über dein Heil frohlocke:

16 Die Völker versanken in der Grube, die sie gegraben,*
   im Netz, das sie heimlich gelegt, hat ihr Fuß sich verfangen.

17 Kundgetan hat sich der H ERR: er hielt sein Gericht.*
   Der Frevler hat sich verstrickt im Werk seiner Hände.

18 Zurück müssen die Frevler ins Totenreich,*
   alle Völker, die Gott vergessen.

19 Denn der Elende bleibt nicht auf ewig vergessen,*
   der Armen Hoffnung wird nicht für immer zunichte.

20 Steh auf, o HERR, daß nicht der Mensch triumphiert,*
   daß die Völker gerichtet werden vor deinem Angesicht.

21 HERR, lege Furcht auf sie!*
   Die Völker sollen erkennen: Sie sind nur Menschen.

1 Warum, o HERR, bleibst du so fern,*
   verbirgst dich in Zeiten der Drangsal?

2 Voller Hochmut verfolgt der Frevler den Armen.*
   Er fange sich in den Ränken, die er ersonnen hat.

3 Denn der Frevler rühmt sich seines Begehrens,*
   der aus ist auf Gewinn, preist seine Habgier.

4 Den HERRN verachtet der Frevler:*
   »Weit weg ist sein Zorn, er kann nicht ahnden!«

   »Es gibt keinen Gott!« ist all sein Sinnen,*
5 und allezeit gelingen seine Wege.

   Hoch droben, fern von ihm sind deine Gerichte,*
   er pfeift auf sie in seinem Innern.

6 Er sagt in seinem Herzen: /
   »Von Geschlecht zu Geschlecht werd' ich nicht wanken.*
   Es gibt keinen Fluch gegen den Bösen!«

7 Sein Mund ist voll von Trug und Bedrückung,*
auf seiner Zunge sind Verderben und Unheil.

8 Er liegt auf der Lauer in den Gehöften,*
in Verstecken will er den Schuldlosen morden.

Seine Augen spähen aus nach dem Schwachen.*
9 Er lauert im Versteck wie ein Löwe im Dickicht.

Er lauert darauf, den Armen zu fangen,*
er fängt den Armen, er zieht sein Netz zu.

10 Erniedrigt wird der Arme und muß sich vor ihm ducken,*
durch seine Übermacht fallen die Schwachen.

11 Er sagt in seinem Herzen: »Gott vergißt es,*
er hält sein Antlitz verborgen, er sieht es niemals.«

12 Steh auf, HERR! O Gott, erheb deine Hand!*
Vergiß nicht die Armen!

13 Warum darf der Frevler Gott verachten?*
Er sagt ja in seinem Herzen: »Du ahndest nicht!«

14 Du aber siehst es, /
du schaust auf Mühsal und Kummer:*
In deine Hand darf man es legen.

Dir überläßt es der Schwache,*
dem Verwaisten bist du selber der Helfer.

15 Zerbrich den Arm des Frevlers und des Bösen,*
   ahnde seinen Frevel, daß man davon nichts mehr findet.

16 Der HERR ist König für immer und ewig!*
   Die Heidenvölker sind aus seinem Land verschwunden.

17 HERR, du hast das Begehren der Armen vernommen,*
   du richtest ihr Herz auf, du hörst auf sie:

18 Recht verschaffst du dem Verwaisten und dem Bedrückten.*
   Kein Mensch verbreite je wieder Schrecken im Lande.

11

DEM MUSIKMEISTER. EIN DAVIDSLIED.

Ich habe Zuflucht gefunden beim HERRN. /
Wie könnt ihr mir sagen:*
»Vöglein, flieht in eure Berge!

2 Denn schon spannen die Frevler den Bogen, /
legen ihren Pfeil auf die Sehne,*
im Dunkel zu schießen auf redliche Herzen.

3 Werden die Fundamente zertrümmert,*
– was kann da noch ein Gerechter bewirken?«

4 Der HERR ist in seinem heiligen Tempel;*
der HERR hat seinen Thron im Himmel.

Seine Augen halten Ausschau,*
seine Blicke prüfen die Menschen.

5 Der HERR prüft den Gerechten, /
doch den Frevler haßt er*
und jene, die Gewalttat lieben.

6 Verderben läßt er auf die Frevler regnen,*
Feuer und Schwefel und sengender Wind ist ihr Anteil.

7 Ja, der HERR ist gerecht, /
er liebt gerechte Taten.*
Redliche werden sein Angesicht schauen.

12

Dem Musikmeister. Auf der Scheminit.
Ein Davidspsalm.

2 Hilf doch, o Herr,
     denn es geht mit dem Frommen zu Ende,*
 dahin ist unter den Menschen die Treue.

3 Falsches reden sie, einer zum andern,*
 sie reden mit glatten Lippen und doppeltem Herzen.

4 Der Herr tilge alle glatten Lippen,*
 jede Zunge, die Vermessenes redet.

5 Sie sagen: »Durch unsre Zunge sind wir mächtig,*
 unsre Lippen sind mit uns. – Wer kann über uns
     Herr sein?«

6 Die Schwachen werden unterdrückt, die Armen seufzen; /
 darum spricht der Herr: »Jetzt stehe ich auf,*
 um den ins Heil zu setzen, über den man herzieht.«

7 Die Worte des Herrn sind lautere Worte, /
 Silber, geschmolzen im Ofen,*
 siebenfach von Schlacken geläutert.

8 Herr, du wirst dich gewiß an sie halten,*
 du wirst uns für immer vor diesen Leuten bewahren,

9 mögen auch überall Frevler umhergehn,*
 mag auch Gemeinheit obenauf sein bei den Menschen.

13

DEM MUSIKMEISTER. EIN DAVIDSPSALM.

2 Wie lange noch, o HERR? /
Willst du mich für immer vergessen?*
Wie lange noch verbirgst du mir dein Antlitz?

3 Wie lange noch muß ich Sorgen tragen in meiner Seele, /
Kummer in meinem Herzen alle Tage?*
Wie lange noch darf mein Feind über mich triumphieren?

4 Schau doch her, gib mir Antwort, HERR, du mein Gott!*
Mach hell meine Augen, damit ich nicht im Tode
    entschlafe,

5 damit mein Feind nicht sagen kann: /
»Ich hab ihn überwältigt«,*
und meine Gegner nicht jubeln, weil ich gestürzt bin.

6 Ich aber baue auf deine Liebe,*
mein Herz soll jubeln über deine Hilfe.

Dem HERRN will ich singen,*
weil er mir Gutes getan hat.

14

Dem Musikmeister. Ein Davidslied.

Der Tor spricht in seinem Herzen:*
»Es gibt keinen Gott.«

Sie handeln verderbt und abscheulich,*
es gibt keinen, der Gutes tut.

2 Der Herr blickt vom Himmel herab auf die Menschen, /
zu sehn, ob noch einer da ist, der verständig ist,*
einer, der Gott sucht.

3 Abtrünnig sind alle, alle zusammen verdorben, /
es gibt keinen, der Gutes tut,*
nicht einen einzigen.

4 Haben all die Übeltäter keine Einsicht? /
Sie fressen mein Volk, als äßen sie Brot.*
Den Herrn rufen sie nicht an.

5 Da, es überfällt sie gewaltiger Schrecken,*
denn Gott ist im Kreis der Gerechten.

6 Die Pläne des Armen wollt ihr vereiteln,*
doch seine Zuflucht ist der Herr.

7 Wer schenkt vom Zion her Israel Heil?*
Wenn der Herr das Schicksal seines Volkes wendet,
    wird Jakob jubeln und Israel sich freun.

15

Ein Davidspsalm.

Herr, wer darf in deinem Zelte Gast sein?*
Wer darf wohnen auf deinem heiligen Berge?

2 Der makellos lebt und das Rechte tut,*
der im Herzen auf Wahrheit sinnt:

3 Er verleumdet nicht mit seiner Zunge. /
Er tut seinem Nächsten nichts Böses*
und schmäht nicht seinen Nachbarn.

4 Der Verworfene ist in seinen Augen verächtlich,*
doch die den Herrn fürchten, hält er in Ehren.

Er ändert seinen Eid nicht,*
auch wenn er sich selbst zum Schaden geschworen hat.

5 Er leiht nicht sein Geld aus auf Zins,*
und gegen den Schuldlosen läßt er sich nicht bestechen.

Wer also handelt,*
in Ewigkeit wird er nicht wanken.

16

Ein Miktam. Ein Davidslied.

Behüte mich, Gott, denn ich flüchte zu dir. /
2 Ich sage zum HERRN: »Mein Herr bist du,*
mein ganzes Glück bist du allein.«

3 Über die ›Heiligen‹, die im Lande sind, sage ich /
und über die ›Herrlichen‹, die mir so gefielen:*
4 »Wer einem andern Gott nachläuft,
dessen Schmerzen mehren sich.

Nie mehr will ich ihnen Opferblut spenden,*
und nie mehr nehm ich ihre Namen auf die Lippen.«

5 HERR, du bist mein Anteil und Becher,*
du selber hältst mein Los in der Hand.

6 Die Meßschnur fiel mir auf liebliches Land:*
ja, mein Erbe gefällt mir.

7 Ich preise den HERRN, der mir Rat erteilt:*
selbst zur Nacht ermahnt mich mein Gewissen.

8 Ich stelle mir den HERRN beständig vor Augen;*
er steht mir zur Rechten: – ich werde nicht wanken!

9 Darum freut sich mein Herz, meine Seele ist fröhlich,*
sorglos ruht auch mein Leib.

10 Denn du gibst mich nicht preis der Unterwelt,*
deinen Frommen läßt du nicht schauen die Grube.

11 Du zeigst mir den Weg zum Leben. /
   Vor deinem Angesicht ist Freude in Fülle,*
   zu deiner Rechten ist Wonne auf ewig.

17

Ein Bittgebet. Ein Davidslied.

Höre, o Herr, du Gerechter, /
hab acht auf mein Rufen.*
Vernimm mein Beten, es kommt von Lippen
    ohne Falsch!

2 Von deinem Angesicht ergehe mein Urteil,*
deine Augen sehen, was recht ist.

3 Du hast mein Herz geprüft, bei Nacht es heimgesucht,*
du hast mich im Feuer erprobt und fandest nichts:

Mein Denken war nicht anders als mein Reden.*
4 In allem, was Menschen tun, hielt ich mich
    an dein Wort.

Ich habe mich gehütet vor den Pfaden der Gewalt. /
5 Fest blieb mein Schritt in deinen Spuren,*
meine Füße kamen nicht ins Wanken.

6 Ich rufe zu dir, /
denn du, o Gott, gibst mir Antwort.*
Neige dein Ohr zu mir, vernimm meine Worte!

7 Wirke das Wunder deiner Liebe!*
Du rettest, die sich an deiner Rechten bergen
    vor dem Feind.

8 Hüte mich wie den Stern deines Auges.*
Verstecke mich im Schatten deiner Flügel

9 vor den Frevlern, die mich hart bedrängen,*
vor den Feinden, die mich gierig umzingeln.

10 Sie verschließen sich fühllos,*
sie führen stolze Worte im Mund,

11 sie rücken gegen mich vor,/
da, sie kreisen mich ein,*
sie trachten danach, mich zu Boden zu strecken,

12 dem Löwen gleich, voll Gier zu zerreißen,*
dem Junglöwen gleich, der im Hinterhalt kauert.

13 Steh auf, o HERR, komm dem Frevler zuvor,/
zwing ihn zu Boden.*
Rette mich vor ihm mit deinem Schwert,

14 HERR, rette mich mit deiner Hand vor diesen Leuten,*
vor Menschen, deren Teil am Leben ohne Dauer ist:

Du füllst ihren Leib mit deinen Schätzen,*
auch ihre Söhne werden satt
und lassen das, was übrigbleibt, den Enkeln.

15 Ich aber, in Gerechtigkeit darf ich dein Antlitz schauen,*
und wenn ich erwache, mich satt sehn an deiner Gestalt.

18

Dem Musikmeister. Dem Knecht des Herrn.
Ein Davidslied. Er redete die Worte dieses
Liedes vor dem Herrn am Tag, als der
Herr ihn errettet hatte aus der Gewalt aller
seiner Feinde und aus der Hand Sauls.
2 Und er sprach:

Ich liebe dich, Herr, meine Stärke,*
3 Herr, du mein Fels, meine Burg und mein Retter,

mein Gott, mein Felsen, bei dem ich mich berge,*
mein Schild, mein machtvolles Heil, meine Zuflucht.

4 Ich rufe: »Der Herr sei gepriesen!«,*
und ich werde vor meinen Feinden errettet.

5 Mich umfingen die Bande des Todes,*
die Fluten Belials erschreckten mich.

6 Die Bande der Unterwelt umstrickten mich,*
über mich fielen die Schlingen des Todes.

7 In meiner Bedrängnis rief ich zum Herrn,*
zu meinem Gott ging mein Schreien.

Von seinem Tempel aus hörte er mein Rufen,*
mein Schreien drang ihm zu Ohren.

8 Da wankte und schwankte die Erde,/
die Fundamente der Berge erbebten,*
sie wankten, denn er entbrannte:

9 Rauch stieg auf aus seiner Nase, /
 aus seinem Mund kam verzehrendes Feuer,*
 aus ihm sprühten glühende Kohlen.

10 Er neigte den Himmel und fuhr hernieder,*
 Wolkendunkel zu seinen Füßen.

11 Er fuhr auf dem Kerub und flog daher,*
 schoß herab auf den Flügeln des Windes.

12 Er hüllte sich ein in Finsternis,*
 wie in ein Zelt in dunkle Wasser und dichte Wolken.

13 Glanz ging vor ihm her, /
 seine Wolken zogen dahin:*
 Hagel und glühende Kohlen.

14 Der HERR ließ den Donner vom Himmel erdröhnen, /
 der Höchste ließ seine Stimme erschallen:*
 Hagel und glühende Kohlen.

15 Er schoß seine Pfeile und streute sie aus,*
 er schleuderte Blitze und jagte sie.

16 Da zeigte sich der Grund der Wasser,*
 da wurden entblößt die Fundamente der Erde

 vor deinem Drohen, o HERR,*
 vor dem Schnauben deines zornigen Atems.

17 Er griff herab aus der Höhe und faßte mich,*
 zog mich heraus aus gewaltigen Wassern.

18 Er entriß mich meinem mächtigen Feind,*
   der Übermacht derer, welche mich hassen.

19 Sie fielen mich an am Tag meines Unheils,*
   da wurde der HERR mir zur Stütze.

20 Er führte mich hinaus ins Weite,*
   er befreite mich, denn er hatte an mir Gefallen.

21 Der HERR tat mir nach meiner Redlichkeit,*
   vergalt mir nach der Reinheit meiner Hände.

22 Denn ich hielt mich stets an die Wege des HERRN,*
   ich bin nicht frevelhaft von meinem Gott gewichen.

23 Ja, seine Entscheide waren mir alle vor Augen,*
   nie wies ich von mir seine Gebote.

24 Ich lebte vor ihm mit lauterem Herzen*
   und nahm mich in acht vor der Sünde.

25 Darum hat mir der HERR nach meiner Redlichkeit vergolten,*
   weil meine Hände rein sind vor seinen Augen.

26 Dem Treuen erweist du dich treu,*
   am Lauteren handelst du lauter,

27 mit dem Reinen verfährst du rein,*
   doch du überlistest den Falschen.

28 Ja, du schaffst Heil dem niedrigen Volk,*
   doch hohe Blicke zwingst du nieder.

29 Ja, HERR, meine Leuchte läßt du strahlen,*
mein Gott erhellt meine Finsternis.

30 Ja, mit dir überrenne ich feindliche Horden,*
mit meinem Gott überspringe ich Mauern.

31 Gott – sein Weg ist lauter, /
das Wort des HERRN ist im Feuer geläutert.*
Ein Schild ist er allen, die bei ihm sich bergen.

32 Denn wer ist Gott, wenn nicht er, der HERR,*
wer ein Fels, wenn nicht er, der unser Gott ist?

33 Gott – er hat mich umgürtet mit Kraft,*
meinen Weg machte er lauter,

34 wie eine Hinde läßt er mich springen*
und stellt mich auf meine Höhen.

35 Er unterweist meine Hände im Kampf:*
meine Arme spannen den ehernen Bogen.

36 Du gabst mir den Schild deines Heils, /
deine Rechte stützt mich,*
du neigtest dich herab und hast mich groß gemacht.

37 Du schaffst meinen Schritten weiten Raum,*
meine Knöchel wanken nicht.

38 Ich verfolge meine Feinde und hole sie ein,*
ich kehre nicht um, bis ich mit ihnen fertig bin.

39 Ich schlage sie nieder, /
sie können sich nicht mehr erheben,*
sie fallen und liegen mir unter den Füßen.

40 Du hast mich zum Kampf mit Kraft umgürtet,*
hast unter mich gebeugt, die wider mich aufstehn.

41 Den Nacken meiner Feinde gibst du mir preis,*
die mich hassen, bringe ich zum Schweigen.

42 Sie schreien, doch hilft ihnen niemand,*
sie schreien zum HERRN – doch er gibt keine Antwort.

43 Ich zermalme sie zu Staub vor dem Winde,*
ich fege sie weg wie den Unrat der Straße.

44 Du entreißt mich dem Aufruhr des Volkes,*
du setzt mich ein zum Haupt von Nationen.

Volk, das ich nicht kannte, ist mir dienstbar, /
45 aufs erste Hören gehorchen sie.*
Mir huldigen die Söhne der Fremde.

46 Den Söhnen der Fremde schwindet die Kraft,*
zitternd kommen sie aus ihren Burgen.

47 Es lebt der HERR! /
Mein Fels sei gepriesen!*
Der Gott meines Heils sei hoch erhoben!

48 Gott – er gewährte mir Vergeltung,*
er hat mir Völker unterworfen.

49 Du befreist mich von meinen Feinden, /
ja, du erhebst mich über meine Gegner,*
du entreißt mich dem Mann der Gewalttat.

50 Darum will ich dir danken, HERR, inmitten der Nationen,*
deinem Namen will ich spielen:

51 Seinem König gewährte er große Siege. /
Huld erwies er seinem Gesalbten,*
David und seinem Stamm auf ewig.

19

DEM MUSIKMEISTER. EIN DAVIDSPSALM.

2 Die Himmel erzählen die Herrlichkeit Gottes,*
das Firmament verkündet das Werk seiner Hände.

3 Ein Tag sagt es jubelnd dem andern,*
eine Nacht übergibt der andern die Kunde.

4 Nicht sind es Worte, nicht sind es Reden,*
deren Stimme man nicht vernähme.

5 Ihre Botschaft ging in alle Welt hinaus,*
ihre Nachricht bis zu den Enden der Erde.

Dort hat er der Sonne ein Zelt bestimmt: /
6 wie der Bräutigam aus seinem Gemach tritt sie hervor,*
sie freut sich wie ein Held, die Bahn zu laufen.

7 Am einen Ende des Himmels geht sie hervor, /
durchläuft den Kreis bis ans andere Ende.*
Nichts kann vor ihrer Glut sich bergen.

8 Die Weisung des HERRN ist vollkommen,*
sie erquickt die Seele.

Das Zeugnis des HERRN ist verläßlich,*
den Unwissenden macht es weise.

9 Die Befehle des HERRN sind gerade,*
das Herz erfüllen sie mit Freude.

Das Gebot des HERRN ist lauter,*
es erleuchtet die Augen.

10 Die Furcht des HERRN ist rein,*
sie besteht für ewig.

Die Entscheide des HERRN sind wahr,*
gerecht sind sie alle.

11 Kostbarer sind sie als Gold, als Feingold in Menge,*
süßer sind sie als Honig und Seim aus den Waben.

12 Auch dein Knecht läßt sich durch sie erleuchten.*
Reich ist belohnt, wer sie beachtet.

13 Wer wird all seiner Fehler gewahr?*
Sprich mich frei von verborgenen Sünden!

14 Auch vor Vermessenen behüte deinen Knecht,*
sie sollen nicht über mich herrschen.

Dann werde ich vollkommen sein:*
frei von schwerer Verfehlung.

15 Die Worte meines Mundes mögen dir gefallen, /
das Sinnen meines Herzens stehe dir vor Augen,*
HERR, mein Fels und mein Erlöser.

20

DEM MUSIKMEISTER. EIN DAVIDSPSALM.

2 Der HERR gebe dir Antwort am Tage der Not,*
  der Name des Gottes Jakobs möge dich schützen!

3 Er sende dir Hilfe vom Heiligtum,*
  vom Zion her sei er dein Beistand!

4 Er gedenke all deiner Gaben,*
  dein Opfer möge ihm gefallen!

5 Er schenke dir, wonach dein Herz verlangt,*
  er erfülle dir all dein Planen!

6 Dann wollen wir jubeln über deinen Sieg, /
  im Namen unseres Gottes das Banner erheben. –*
  Der HERR erfülle all deine Bitten.

7 Nun weiß ich: Der HERR schenkt seinem Gesalbten den Sieg, /
  von seinem heiligen Himmel aus gibt er ihm Antwort*
  mit der Macht seiner siegreichen Rechten.

8 Diese kommen mit Wagen und jene mit Rossen,*
  wir aber rufen den Namen des HERRN, unseres Gottes.

9 Jene stürzen und fallen,*
  wir aber bleiben aufrecht und stehen.

10 O HERR, verleihe dem König den Sieg!*
   Gib uns Antwort am Tag, da wir rufen!

21

DEM MUSIKMEISTER. EIN DAVIDSPSALM.

2 Deiner Macht, o HERR, freut sich der König,*
 ob deines Sieges, wie jubelt und jauchzt er!

3 Wonach sein Herz verlangte, hast du ihm gewährt,*
 was seine Lippen wünschten,
   hast du nicht verweigert:

4 Mit Segen und Glück kamst du ihm entgegen,*
 hast ihm das Haupt gekrönt mit goldener Krone.

5 Leben erbat er von dir, – du hast es ihm gewährt,*
 Fülle der Tage für immer und ewig.

6 Groß ist sein Ruhm durch deinen Sieg,*
 mit Pracht und Hoheit hast du ihn bekleidet.

7 Zum Segen machst du ihn für immer,*
 du beglückst ihn mit Freude vor deinem Angesicht.

8 Ja, der König vertraut auf den HERRN,*
 durch die Huld des Höchsten wird er nicht wanken.

9 Deine Hand trifft all deine Feinde,*
 deine Rechte trifft, die dich hassen.

10 Du läßt sie glühen wie einen feurigen Ofen*
 im Augenblick deines Erscheinens.

   – Der HERR verschlingt sie in seinem Zorn,*
   es verzehrt sie das Feuer. –

11 Du wirst ihre Brut von der Erde vertilgen,*
   ihr Geschlecht aus der Mitte der Menschen.

12 Sinnen sie gegen dich Böses, schmieden sie Ränke,*
   – sie werden nichts vermögen.

13 Denn du schlägst sie in die Flucht,*
   sobald du auf sie zielst mit deinem Bogen.

14 Erhebe dich, o HERR, in deiner Macht!*
   Deiner Stärke wollen wir singen und spielen.

22

DEM MUSIKMEISTER.
AUF »HINDE DER MORGENRÖTE«.
EIN DAVIDSPSALM.

2 Mein Gott, mein Gott,*
warum hast du mich verlassen?

Meine Rettung bleibt fern,*
so laut ich auch schreie.

3 Mein Gott! Ich rufe bei Tag, doch du schweigst,*
bei Nacht, doch ich finde keine Ruhe.

4 Du aber thronst als der Heilige,*
du, Israels Lobpreis.

5 Auf dich vertrauten unsere Väter,*
sie haben vertraut, und du hast sie gerettet.

6 Sie schrien zu dir und wurden befreit,*
auf dich vertrauten sie und wurden nicht zuschanden.

7 Ich aber bin ein Wurm – kein Mensch,*
der Leute Spott, vom Volk verachtet.

8 Alle, die mich sehen, verlachen mich,*
verziehen die Lippen und schütteln den Kopf:

9 »Wälze es doch auf den HERRN!« – /
»Ja, er soll ihn retten!« –*
»Er reiße ihn heraus, denn er hat ja an ihm sein
   Gefallen!«

10 Du selber zogst mich aus dem Schoß der Mutter,*
   du lehrtest mich an ihrer Brust Vertrauen.

11 Auf dich bin ich geworfen seit dem Mutterleib,*
   vom Schoß der Mutter an bist du mein Gott.

12 Bleib mir nicht fern, /
   denn die Not ist nahe,*
   und niemand sonst kann mir helfen.

13 Viele Stiere umringen mich,*
   Büffel von Baschan kreisen mich ein.

14 Sie sperren gegen mich ihren Rachen auf,*
   reißende, brüllende Löwen.

15 Hingeschüttet bin ich wie Wasser,*
   alle Knochen fallen mir auseinander.

   Mein Herz ist geworden wie Wachs,*
   es zerschmilzt mir im Innern.

16 Meine Kraft ist vertrocknet, wie eine Scherbe, /
   die Zunge klebt mir am Gaumen,*
   du legst mich in den Staub des Todes.

17 Hunde umringen mich, /
   eine Rotte von Frevlern hält mich umzingelt,*
   sie haben mir Hände und Füße gefesselt.

18 All meine Knochen kann ich zählen.*
   Sie aber gaffen und starren mich an.

19 Sie teilen unter sich meine Kleider*
und werfen das Los um mein Gewand.

20 Du aber, HERR, halt dich nicht fern,*
du meine Stärke, eile und hilf mir!

21 Entreiße mein Leben dem Schwert,*
der Gewalt der Hunde mein einziges Gut.

22 Rette mich aus dem Rachen des Löwen*
und vor den Hörnern der Stiere. –

Du hast mich erhört! /
23 Ich will deinen Namen meinen Brüdern
    verkünden,*
dich preisen inmitten der Gemeinde:

24 Die ihr den HERRN fürchtet, preiset ihn! /
Alle Nachkommen Jakobs, ehret ihn!*
Erschauert vor ihm, alle Nachkommen Israels!

25 Denn er hat nicht verachtet,*
er hat nicht verabscheut das Elend des Armen,

er hat sein Antlitz nicht vor ihm verborgen*
und hat gehört, als er zu ihm schrie.

26 Von dir kommt, daß ich dich preise in großer
    Gemeinde,*
meine Gelübde will ich erfüllen vor denen,
    die Gott fürchten.

27 Die Armen sollen essen und sich sättigen, /
den HERRN sollen preisen, die ihn suchen:*
»Aufleben soll euer Herz für immer.«

28 Alle Enden der Erde werden daran denken /
und kehren zurück zum HERRN.*
Alle Stämme der Völker werden vor ihm huldigen.

29 Denn dem HERRN gebührt das Königtum,*
er herrscht über die Völker.

30 Alle Mächtigen der Erde – sie essen und huldigen, /
alle, die in den Staub gesunken sind, – sie beugen sich vor ihm;*
31 und der nicht am Leben blieb,
 – seine Nachkommen werden ihm dienen.

32 Vom HERRN wird man dem kommenden Geschlecht erzählen, /
dem Volk, das erst geboren wird, seine Heilstat verkünden:*
Er hat's getan.

23

Ein Davidspsalm.

Der HERR ist mein Hirt, nichts kann mir fehlen.*
2 Auf grünen Auen läßt er mich lagern.

Er führt mich zur Ruhe an frische Wasser,*
3 er stillt mein Verlangen.

Er leitet mich auf rechten Pfaden*
getreu seinem Namen.

4 Muß ich auch gehen in finsterer Schlucht,*
ich fürchte kein Unheil:

Du bist ja bei mir!*
Dein Stab und dein Stecken, sie geben mir Zuversicht.

5 Du deckst mir den Tisch*
vor den Augen meiner Bedränger.

Du salbst mein Haupt mit Öl;*
bis zum Rande gefüllt ist mein Becher.

6 Nur Güte und Liebe werden mich verfolgen*
alle Tage meines Lebens.

Und wohnen darf ich im Hause des HERRN*
bis in die fernsten Tage.

24

Ein Davidslied. Ein Psalm.

Des HERRN ist die Erde und was sie erfüllt,*
der Erdkreis und seine Bewohner.

2 Denn er hat ihn über Meeren gegründet*
und ihn über Strömen gefestigt.

3 Wer darf hinaufziehn zum Berge des HERRN,*
wer darf stehn an seiner heiligen Stätte?

4 Der reine Hände hat und ein lauteres Herz,/
der seine Seele nicht erhebt zum Nichtigen,*
und der dem Trug keinen Eid schwört.

5 Er wird Segen empfangen vom HERRN*
und Gerechtigkeit vom Gott seines Heiles.

6 Dies ist das Geschlecht, das nach ihm fragt:*
jene, die dein Antlitz suchen, Jakob.

7 Ihr Tore, hebt eure Häupter,/
erhebt euch, ihr uralten Pforten,*
daß Einzug halte der König der Herrlichkeit!

8 Wer ist dieser König der Herrlichkeit?/
Der HERR, stark und gewaltig,*
der HERR, gewaltig im Kampfe.

9 Ihr Tore, hebt eure Häupter, /
   erhebt euch, ihr uralten Pforten,*
   daß Einzug halte der König der Herrlichkeit!

10 Wer ist er, dieser König der Herrlichkeit? /
   Der HERR der Scharen:*
   Er ist der König der Herrlichkeit.

25

Ein Davidslied.

Zu dir, o Herr, erheb ich meine Seele,*
2 mein Gott, auf dich vertraue ich.

Daß ich doch nicht zuschanden werde!*
Daß über mich die Feinde nicht frohlocken!

3 Die auf dich hoffen, werden ja nicht zuschanden,*
zuschanden wird, wer dir grundlos die Treue bricht.

4 Zeige mir, Herr, deine Wege,*
lehre mich deine Pfade!

5 Führe mich in deiner Treue und lehre mich,/
denn du bist der Gott meines Heiles.*
Auf dich hoffe ich alle Tage.

6 Gedenke deines Erbarmens, Herr, und deiner Gnaden,*
denn sie bestehn seit Ewigkeit.

7 Denk nicht an meine Jugendsünden und meine Vergehen,/
gedenke meiner, Herr, in deiner Gnade,*
denn du bist gütig.

8 Gut und gerecht ist der Herr:*
auf den Weg weist er die Sünder.

9 Demütige leitet er nach seinem Entscheid,*
er lehrt seinen Weg die Gebeugten.

10 Alle Pfade des HERRN sind Huld und Treue*
   denen, die seinen Bund und seine Gebote bewahren.

11 Um deines Namens willen, HERR, vergib meine Schuld,*
   obgleich sie groß ist.

12 Wer ist der Mensch, der den HERREN fürchtet?*
   Ihm weist er den Weg, den er wählen soll.

13 Er wird wohnen im Glück,*
   seine Kinder werden das Land besitzen.

14 Der Rat des HERRN steht denen offen, die ihn fürchten,*
   sein Bund, um ihnen Erkenntnis zu schenken.

15 Meine Augen sind beständig auf den HERRN gerichtet:*
   er zieht aus dem Netz meine Füße.

16 Wende dich mir zu und sei mir gnädig,*
   denn ich bin einsam und elend.

17 Die Enge meines Herzens mach weit,*
   führ mich heraus aus meiner Bedrängnis.

18 Sieh mein Elend und meine Plage,*
   vergib mir all meine Sünden.

19 Sieh meine Feinde, wie sie zahlreich sind,*
   mit welch tödlichem Haß sie mich hassen.

20 Erhalte mein Leben und rette mich, /
   damit ich nicht zuschanden werde.*
   Denn bei dir suche ich Zuflucht.

21 Unschuld und Redlichkeit mögen mich schützen,*
   denn auf dich hoffe und harre ich.

22 O Gott, erlöse Israel*
   aus seiner ganzen Bedrängnis.

26

Ein Davidslied.

Schaffe mir Recht, o Herr,*
ich ging doch schuldlos meine Wege.

Dem Herrn vertraue ich,*
ich werde nicht wanken.

2 Durchforsche mich, Herr, und erprobe mich,*
prüfe mich auf Herz und Nieren.

3 Deine Huld stand mir vor Augen,*
in Treue zu dir ging ich meine Wege.

4 Mit falschen Menschen saß ich nicht zusammen,*
mit Hinterhältigen hatte ich keinen Umgang.

5 Die Versammlung der Bösen war mir verhaßt,*
mit Frevlern saß ich nicht zusammen.

6 Ich kann meine Hände in Unschuld waschen,*
deinen Altar, o Herr, darf ich umschreiten,

7 um laut den Dank zu verkünden*
und alle deine Wunder zu erzählen.

8 Herr, ich liebe die Stätte deines Hauses,*
die Wohnung deiner Herrlichkeit.

9 Raffe mich nicht hinweg mit den Sündern,*
mit den Blutmenschen nimm mir nicht das Leben.

10 An ihren Händen klebt Schandtat,*
   ihre Rechte ist voll von Bestechung.

11 Ich aber gehe schuldlos meine Wege.*
   Erlöse mich und sei mir gnädig!

12 Mein Fuß steht auf ebenem Grund.*
   Den HERRN will ich preisen in der versammelten Gemeinde.

27

Ein Davidslied.

Der Herr ist mein Licht und mein Heil:*
Wen sollte ich fürchten?

Der Herr schützt mein Leben:*
Vor wem sollte ich bangen?

2 Dringen Frevler auf mich ein, mich zu verschlingen:*
meine Bedränger und Feinde, sie straucheln und fallen.

3 Mag ein Heer mich belagern,*
mein Herz wird sich nicht fürchten.

Mag gegen mich der Kampf entbrennen,*
ich bleibe dennoch voll Zuversicht.

4 Eines erbat ich vom Herrn, /
danach verlangt mich:*
im Haus des Herrn zu wohnen alle Tage meines Lebens,

die Freundlichkeit des Herrn zu schauen*
und nachzusinnen in seinem Tempel.

5 Er birgt mich unter seinem Dach am Tag des Unheils, /
er beschirmt mich im Schutz seines Zeltes,*
er hebt mich empor auf den Felsen.

6 Nun kann mein Haupt sich erheben*
über die Feinde, die mich umringen.

So will ich Opfer bringen in seinem Zelt, /
Opfer mit Jubel,*
dem HERRN will ich singen und spielen.

7 Höre, o HERR, den Ruf meiner Stimme,*
sei mir gnädig und gib mir Antwort!

8 Mein Herz denkt an dein Wort: /
»Suchet mein Antlitz!«*
Dein Antlitz, o HERR, will ich suchen.

9 Verbirg mir nicht dein Antlitz, /
weise deinen Knecht nicht im Zorne zurück,*
du hast mir doch immer geholfen.

Verstoß mich nicht, verlaß mich nicht,*
du Gott meines Heiles.

10 Selbst wenn mich Vater und Mutter verlassen,*
der HERR gibt mir Heimstatt.

11 Weise mir, HERR, deinen Weg,*
führe mich, meinen Gegnern zum Trotz,
   auf ebenem Pfade.

12 Gib mich nicht preis der Gier der Bedränger,*
denn falsche Zeugen standen gegen mich auf
   und schnauben Gewalttat.

13 Ich aber glaube fest: /
   Die Güte des HERRN werde ich schauen*
   im Lande der Lebenden.

14 Harre auf den HERRN und sei stark,*
   fasse Mut und harre des HERREN.

28

EIN DAVIDSLIED.

Zu dir, o HERR, rufe ich.*
Mein Fels, du darfst mir nicht schweigen!

Bleibst du mir stumm,*
gleiche ich denen, die hintersteigen zur Grube.

2 Höre mein lautes Flehen, /
jetzt, da ich zu dir rufe,*
da ich meine Hände erhebe zu deinem Allerheiligsten.

3 Raffe mich nicht hinweg mit den Frevlern,*
nicht mit denen, die Unrecht tun,

die »Friede« sagen zu ihrem Nächsten,*
doch Böses sinnen im Herzen.

4 Vergilt ihnen nach ihrem Tun*
und nach der Bosheit ihres Treibens.

Vergilt ihnen nach dem Werk ihrer Hände,*
wende ihr Tun zurück auf sie selber.

5 Denn sie achten nicht auf die Taten des HERRN,*
noch auf das Werk seiner Hände.

Darum reißt er sie nieder*
und wird sie nicht wieder aufbaun.

6 Der HERR sei gepriesen!*
Er hat gehört mein lautes Flehen.

7 Der HERR ist meine Kraft und mein Schild,*
mein Herz vertraut ihm.

Mir wurde geholfen. Da jubelte mein Herz.*
Mit meinem Lied will ich ihm danken:

8 Der HERR ist seines Volkes Stärke,*
Schutz und Heil für seinen Gesalbten.

9 Rette dein Volk und segne dein Erbe!*
Weide und trage sie in Ewigkeit!

29

Ein Davidspsalm.

Bringt dar dem HERRN, ihr Himmlischen,*
bringt dar dem HERRN Ehre und Macht!

2 Bringt dar dem HERRN die Ehre seines Namens,*
werft euch nieder vor dem HERRN in heiligem Schmuck!

3 Die Stimme des HERRN über den Wassern: /
der Gott der Herrlichkeit donnert,*
der HERR über gewaltigen Wassern.

4 Die Stimme des HERRN voll Kraft,*
die Stimme des HERRN voll Majestät.

5 Die Stimme des HERRN bricht Zedern,*
der HERR zerbricht die Zedern des Libanon.

6 Er läßt den Libanon hüpfen wie ein Kalb,*
wie einen jungen Wildstier den Sirjon.

7 Die Stimme des HERRN sprüht flammendes Feuer, /
8 die Stimme des HERRN macht beben die Wüste,*
der HERR macht beben die Wüste von Kadesch.

9 Die Stimme des HERRN läßt Hindinnen kreißen, /
reißt Wälder kahl.*
In seinem Palast ruft alles: Herrlichkeit!

10 Der HERR thront über der Flut,*
   der HERR thront als König in Ewigkeit.

11 Der HERR gebe Macht seinem Volke!*
   Der HERR segne sein Volk mit Frieden!

30

Ein Psalm. Ein Gesang zur Einweihung
des Hauses. Ein Davidslied.

2 Ich erhebe dich, Herr, /
 denn du zogst mich empor aus der Tiefe,*
 du ließest nicht zu, daß über mich meine Feinde
  frohlocken.

3 Herr, mein Gott, ich habe zu dir gerufen,*
 und du heiltest mich.

4 Herr, du hast mich heraufgeholt aus dem
  Reich des Todes,*
 aus denen, die zur Grube gefahren, mich zum
  Leben gerufen.

5 Spielt dem Herrn, ihr seine Frommen,*
 preist ihn, gedenkt seines heiligen Namens!

6 Nur einen Augenblick ist er im Zorn,*
 doch seine Güte will das Leben.

 Kehrt am Abend Weinen ein,*
 – bis zum Morgen ist's Jubel.

7 Ich aber, ich wähnte in meiner Sicherheit:*
 Ich werde niemals wanken.

8 In deiner Güte, o Herr,*
 hattest du mich auf den schützenden Berg gestellt.

Doch dann verbargst du dein Antlitz,*
da faßte mich Schrecken.

9 Zu dir, o HERR, schrie ich,*
flehte zu meinem Herrn um Gnade:

10 »Was nützt dir mein Blut, mein Abstieg zum Grab?*
Kann Staub dich preisen, deine Treue verkünden?

11 Höre mich, HERR, sei mir gnädig!*
HERR, sei du mein Helfer!«

12 Da hast du mein Klagen in Tanzen verwandelt,*
mein Trauerkleid hast du gelöst, mich gegürtet
  mit Freude.

13 Darum singe ich dir und will nicht verstummen.*
HERR, mein Gott, dir will ich ewig danken.

31

Dem Musikmeister. Ein Davidspsalm.

2 Zu dir, o Herr, flüchte ich, /
laß mich doch niemals scheitern,*
befreie mich in deiner Gerechtigkeit!

3 Neige dein Ohr mir zu,*
eile doch, mich zu entreißen!

Sei mir ein Fels der Zuflucht,*
eine feste Burg, die mich rettet!

4 Denn du bist mein Fels und meine Feste.*
Um deines Namens willen wirst du mich führen
    und leiten.

5 Du führst mich heraus /
aus dem Netz, das sie mir heimlich legten,*
denn du bist meine Zuflucht.

6 In deine Hände befehle ich meinen Geist.*
Du hast mich erlöst, o Herr, du Gott der Treue.

7 Ich hasse, die nichtige Götzen verehren,*
ich setze auf den Herrn mein Vertrauen.

8 Ich will jubeln und deiner Liebe mich freuen, /
denn angesehen hast du meine Not,*
du wußtest um mich in meiner Bedrängnis.

9 Du gabst mich nicht in die Hand des Feindes,*
du führtest meine Schritte ins Weite.

10 Sei mir gnädig, o HERR, mir ist bange,*
   mein Auge, meine Seele, mein Leib, sie vergehen
      vor Jammer.

11 Ja, in Kummer verzehrt sich mein Leben,*
   und meine Jahre verrinnen in Seufzen.

   Ob meiner Sünde schwindet mir die Kraft,*
   und meine Gebeine zerfallen.

12 Wegen all meiner Bedränger wurde ich zum Spott,*
   zum Spott sogar für meine Nachbarn.

   Meinen Freunden wurde ich zum Schrecken.*
   Wer mir begegnet, geht mir aus dem Wege.

13 Vergessen bin ich, bin aus dem Sinn wie ein Toter,*
   wie ein zerbrochenes Gefäß bin ich geworden.

14 Ich höre das Zischeln der Menge,*
   ringsum ist Grauen:

   Zusammen halten sie gegen mich Rat,*
   sie sinnen darauf, mir das Leben zu rauben.

15 Ich aber, HERR, ich vertraue auf dich,*
   ich sage: »Mein Gott bist du!«

16 In deiner Hand ist mein Geschick.*
   Entreiß mich der Hand meiner Feinde und Verfolger.

17 Laß leuchten über deinem Knecht dein Antlitz,*
   rette mich in deiner Liebe.

18 HERR, laß mich nicht scheitern,*
da ich zu dir rufe!

Scheitern sollen die Frevler,*
sie sollen zum Schweigen kommen in der Unterwelt.

19 Verstummen sollen die lügnerischen Lippen, /
die wider den Gerechten Freches reden*
voll Hochmut und Verachtung.

20 Wie groß ist deine Güte, o HERR,*
die du denen bewahrst, die dich fürchten.

Du erweist sie denen, die sich bei dir bergen*
offen vor allen Menschen.

21 Du birgst sie im Schutz deines Angesichts*
vor dem Toben der Leute.

In einem Zelt bewahrst du sie*
vor dem Streite der Zungen.

22 Gepriesen sei der HERR: /
Er wirkte an mir Wunder seiner Liebe,*
er wurde mir zur Stadt, die befestigt ist.

23 Ich aber sprach in meiner Bestürzung:*
»Ich bin verstoßen aus deinen Augen!«

Doch du hast mein lautes Flehen gehört,*
als ich zu dir um Hilfe rief.

24 Liebt den HERRN, all seine Frommen! /
   Der HERR behütet, die ihm treu sind,*
   doch reichlich vergilt er dem, der hochmütig handelt.

25 Seid stark, und euer Herz sei unverzagt,*
   ihr alle, die ihr hofft auf den HERREN.

32

Ein Davidslied. Ein Maskil.

Selig der Mensch, dessen Frevel vergeben,*
dessen Sünde bedeckt ist!

2 Selig der Mensch, dem der HERR die Schuld
    nicht zur Last legt,*
und dessen Geist ohne Falsch ist!

3 Solange ich schwieg, verfiel mein Gebein,*
den ganzen Tag mußte ich stöhnen.

4 Denn Tag und Nacht lastete deine Hand auf mir,*
meine Kraft verdorrte wie in den Gluten des Sommers.

5 Doch dann gestand ich meine Sünde*
und hielt dir meine Schuld nicht länger verborgen.

Ich sprach: »Ich will dem HERRN meinen Frevel
    bekennen!«,*
da hast du meine Sündenschuld vergeben.

6 Darum soll jeder Fromme zu dir beten,*
solange du dich finden läßt.

Fluten gewaltige Wasser heran,*
ihn werden sie nicht erreichen.

7 Du bist mein Schutz, /
du bewahrst mich vor Not,*
du umfängst mich mit dem Jubel der Rettung.

8 »Ich mache dich weise! /
  Ich lehre dich den Weg, den du gehen sollst!*
  Ich will dir raten! − Auf dir ruht mein Auge!

9 Sei nicht ohne Einsicht wie Roß und Maultier, /
  die man mit Zaum und Zügel zähmen muß!*
  Dann wird dir nichts geschehen.«

10 Viele Schmerzen leidet der Frevler,*
   doch wer auf den HERRN vertraut, den umfängt
       seine Liebe.

11 Freut euch am HERRN und jauchzt, ihr Gerechten,*
   jubelt alle, ihr Menschen mit redlichem Herzen!

33

1 Jubelt dem HERRN, ihr Gerechten!*
   Den Redlichen ziemt der Lobgesang.

2 Preist den HERRN mit der Leier,*
   auf der zehnsaitigen Harfe spielt ihm!

3 Singt ihm ein neues Lied,*
   greift in die Saiten mit schallendem Jubel!

4 Denn gerade ist das Wort des HERRN,*
   all sein Tun ist verläßlich.

5 Er liebt Gerechtigkeit und Recht,*
   voll der Huld des HERRN ist die Erde.

6 Durch das Wort des HERRN wurden die Himmel geschaffen,*
   ihr ganzes Heer durch den Hauch seines Mundes.

7 Er sammelt die Wasser des Meeres und dämmt sie ein,*
   in Speicher legt er die Fluten.

8 Die ganze Welt fürchte den HERRN,*
   vor ihm sollen beben alle Bewohner der Erde.

9 Denn er sprach, und es ward;*
   er gebot, und da stand es.

10 Der HERR vereitelt den Plan der Nationen,*
   die Gedanken der Völker macht er zunichte.

11 Der Plan des HERRN bleibt ewig bestehen,*
   seines Herzens Gedanken durch alle Geschlechter.

12 Selig die Nation, deren Gott der HERR ist,*
das Volk, das er zum Erbe sich erwählt hat.

13 Der HERR blickt herab vom Himmel,*
er sieht alle Menschen.

14 Von seinem Thronsitz schaut er nieder*
auf alle Bewohner der Erde.

15 Der ihre Herzen gebildet hat,*
er hat acht auf all ihre Taten.

16 Kein König kann sich helfen durch die Größe des Heeres,*
kein Held sich retten durch große Stärke.

17 Nichts nützt das Roß zum Sieg,*
trotz seiner großen Kraft kann es nicht retten.

18 Siehe, das Auge des HERRN ruht auf denen, die ihn fürchten,*
die auf seine Huld sehnsüchtig warten,

19 daß er sie dem Tod entreiße,*
und in der Hungersnot ihr Leben erhalte.

20 Unser Verlangen richtet sich auf den HERRN,*
er ist uns Schild und Hilfe.

21 Ja, seiner freut sich unser Herz,*
wir vertrauen auf seinen heiligen Namen.

22 Deine Huld, o HERR, möge über uns walten,*
weil wir auf dich warten!

34

Ein Davidslied. Als er vor Abimelech
seinen Verstand verstellte
und der ihn fortjagte und er ging.

2 Allezeit will ich den Herrn lobpreisen,*
  sein Lob sei stets in meinem Munde!

3 Meine Seele rühme sich des Herrn,*
  die Armen sollen es hören und fröhlich sein!

4 Preiset den Herrn mit mir,*
  laßt uns gemeinsam seinen Namen erheben!

5 Ich suchte den Herrn, und er erhörte mich,*
  er hat mich all meinen Ängsten entrissen.

6 Die auf ihn blicken, werden strahlen,*
  nie wird vor Scham ihr Antlitz erröten.

7 Da rief ein Armer, und es hörte ihn der Herr,*
  er half ihm aus all seinen Nöten.

8 Der Engel des Herrn umschirmt, die ihn fürchten,*
  und er befreit sie.

9 Kostet und seht: Der Herr ist gut!*
  Selig der Mensch, der zu ihm sich flüchtet!

10 Fürchtet den Herrn, ihr seine Heiligen,*
   denn die ihn fürchten, leiden keinen Mangel.

11 Selbst Löwen darben und leiden Hunger,*
   doch wer den Herrn sucht, braucht kein Gut zu
      entbehren.

12 Kommt, ihr Söhne, höret mich!*
   Die Furcht des HERRN will ich euch lehren.

13 Wer ist der Mensch, der Lust hat am Leben,*
   der Tage sich wünscht, um Gutes zu sehen.

14 Hüte deine Zunge vor dem Bösen*
   und deine Lippen vor falscher Rede!

15 Laß ab vom Bösen und tu das Gute,*
   trachte nach Frieden und such ihn zu ergreifen!

16 Die Augen des HERRN blicken auf die Gerechten,*
   und seine Ohren hören auf ihr Schreien.

17 Das Antlitz des HERRN richtet sich gegen die Bösen,*
   ihr Gedächtnis von der Erde zu tilgen.

18 Schrein die Gerechten, so hört sie der HERR,*
   er entreißt sie all ihren Nöten.

19 Der HERR ist nahe den gebrochenen Herzen,*
   dem zerschlagenen Geist schafft er Heilung.

20 Viel Böses muß der Gerechte leiden,*
   doch allem wird der HERR ihn entreißen.

21 Er behütet all seine Glieder,*
   nicht eins von ihnen wird zerbrochen.

22 Den Frevler tötet die Bosheit,*
   wer den Gerechten haßt, muß es büßen.

23 Der HERR erlöst seine Knechte,*
   von Strafe bleibt verschont, wer zu ihm sich flüchtet.

35

Ein Davidslied.

Streite, o Herr, gegen die, die gegen mich streiten,*
bekämpfe, die mich bekämpfen!

2 Ergreife Schild und Wehr,*
steh auf, mir zu helfen!

3 Zücke die Lanze, /
versperre meinen Verfolgern den Weg!*
Sage zu mir: »Ich bin deine Rettung!«

4 Zuschanden sollen werden und erröten vor Scham,*
die mir nach dem Leben trachten.

Zurückweichen sollen und sich schämen,*
die Böses gegen mich planen.

5 Sie sollen werden wie Spreu vor dem Wind,*
der Bote des Herrn treibt sie fort.

6 Ihr Weg sei finster und schlüpfrig,*
der Bote des Herrn jagt ihnen nach.

7 Denn grundlos hoben sie mir eine Grube aus,*
ohne Grund legten sie mir heimlich ein Netz.

8 Unversehens überkomme ihn das Verderben, /
das Netz, das er heimlich gelegt, es fange ihn selbst,*
ins Verderben stürze er hinein.

9 Ich aber werde jubeln über den Herrn,*
werde mich freuen über sein Retten.

10 Mein ganzes Wesen wird sagen:*
»HERR, wer ist wie du?

Du entreißt den Armen dem, der stärker ist,*
den Elenden und Armen dem, der ihn ausraubt.«

11 Gewalttätige treten als Zeugen auf,*
man fragt mich nach Dingen, von denen ich nichts weiß.

12 Sie lohnen mir Gutes mit Bösem,*
Verlassenheit wurde mein Teil.

13 Ich aber trug ein Trauerkleid, als sie erkrankten, /
ich beugte mich fastend,*
ich neigte betend das Haupt auf die Brust.

14 Ich trauerte wie um den Freund, um den Bruder, /
wie einer, der Leid trägt um die Mutter,*
gebeugt vor Kummer ging ich einher.

15 Sie aber freuten sich, als ich stürzte, /
und taten sich zusammen,*
sie taten sich zusammen gegen mich.

Sie hüpften, und ich war ahnungslos,*
sie spotteten und hörten nicht auf.

16 Als ich hinkte, verhöhnten sie mich als Krüppel,*
fletschten gegen mich die Zähne.

17 HERR, wie lange noch wirst du da zusehn? /
   Entreiße mein Leben diesem Verderben,*
   diesen Löwen mein einziges Gut.

18 Dann danke ich dir in großer Gemeinde,*
   dann preise ich dich unter zahlreichem Volk.

19 Es sollen sich meiner nicht freun,
       die mich zu Unrecht befeinden,*
   nicht mit den Augen zwinkern,
       die mich grundlos hassen.

20 Denn sie reden nicht, was zum Frieden dient,*
   sie denken Verleumdung aus gegen die Stillen im Land.

21 Sie reißen gegen mich ihr Maul auf:*
   »Ha! – Jetzt sehn wir's mit eigenen Augen!«

22 Du hast es gesehen, HERR, so schweige nicht!*
   HERR, bleib mir nicht fern!

23 Wach auf! – Steh ein für mein Recht,*
   für meine Sache, mein Gott und mein Herr.

24 Schaff mir Recht nach deiner Gerechtigkeit,
       HERR, du mein Gott!*
   Sie sollen sich meiner nicht freun!

25 Niemals sollen sie in ihrem Herzen sagen: /
   »Ha! – So haben wir's gewollt!«*
   Sie sollen nicht sagen: »Wir haben ihn verschlungen!«

26 Zuschanden sollen werden und beschämt,*
die sich über mein Unglück freun;

in Schimpf und Schande sollen sich hüllen,*
die gegen mich großtun.

27 Jubeln sollen und sich freun,*
die wünschen, daß ich im Recht bin.

Sie sollen allezeit sagen: »Groß ist der HERR!*
Er will das Heil seines Knechtes!«

28 Meine Zunge soll deine Heilstat verkünden,*
alle Tage dein Lob.

36

DEM MUSIKMEISTER. DEM KNECHT DES HERRN.
EIN DAVIDSLIED.

2 Auflehnung raunt tief im Herzen des Frevlers.*
Kein Erschrecken vor Gott gibt es in seinen Augen.

3 Er sieht sich selbst zu schmeichelhaft,*
um seine Schuld zu finden und zu hassen.

4 Die Worte seines Mundes sind Unheil und Trug;*
er gab es auf, weise und gut zu handeln.

5 Unheil sinnt er auf seinem Lager,*
den unguten Weg betritt er, verwirft nicht das Böse.

6 HERR, deine Liebe reicht bis zum Himmel,*
deine Treue bis zu den Wolken.

7 Deine Gerechtigkeit steht wie die Berge Gottes, /
wie die große Flut sind deine Entscheide.*
HERR, du wirkst Heil für Menschen und Tiere.

8 Wie köstlich, o Gott, ist deine Liebe!*
Die Menschen bergen sich im Schatten deiner Flügel.

9 Sie laben sich am Überfluß deines Hauses,*
du tränkst sie mit dem Strom deiner Wonnen.

10 Denn bei dir ist die Quelle des Lebens,*
Licht schauen wir in deinem Lichte.

11 Erhalte deine Liebe denen, die dich kennen,*
und deine Gerechtigkeit den Menschen mit redlichem Herzen.

12 Nicht trete auf mich der Fuß des Stolzen,*
die Hand der Frevler soll mich nicht vertreiben.

13 Da! – Die Übeltäter brachen zusammen,*
sie wurden zu Fall gebracht und können nie wieder aufstehn.

37

EIN DAVIDSLIED.

Erhitze dich nicht über die Bösen,*
wegen der Übeltäter ereifre dich nicht!

2 Denn sie verwelken schnell wie das Gras,*
wie frisches Grün verdorren sie.

3 Vertrau auf den HERRN und tu das Gute,*
wohne im Land und hüte die Treue!

4 Habe deine Lust am HERRN!*
Was dein Herz begehrt, wird er dir geben.

5 Befiehl dem HERRN deinen Weg,*
vertrau ihm – er wird es machen.

6 Er läßt deine Gerechtigkeit aufgehn wie das Licht,*
und dein Recht wie die Helle des Mittags.

7 Werde still vor dem HERRN und hoffe auf ihn! /
Erhitze dich nicht über den, der auf seinem Weg
    Erfolg hat,*
über den, der Ränke übt.

8 Steh ab vom Zorn und laß den Grimm,*
erhitze dich nicht – es führt nur zu Bösem!

9 Denn die Bösen werden ausgetilgt;*
die aber auf den HERRN harren, sie werden das Land
    besitzen.

10 Noch eine kleine Weile, und der Frevler ist nicht mehr,*
schaust du nach seiner Stätte – er ist nicht mehr da.

11 Doch die Armen werden das Land besitzen*
und ihre Lust haben an der Fülle des Friedens.

12 Der Frevler sinnt auf Ränke wider den Gerechten*
und fletscht gegen ihn die Zähne.

13 Der Herr verlacht ihn,*
denn er sieht: Sein Tag wird kommen.

14 Die Frevler zücken das Schwert*
und spannen ihren Bogen;

sie wollen den Armen und Elenden fällen*
und hinschlachten, die den geraden Weg gehn.

15 Ihr Schwert dringt in ihr eigenes Herz,*
und ihre Bogen werden zerbrechen.

16 Besser das Wenige des Gerechten,*
als der Überfluß mächtiger Frevler.

17 Denn die Arme der Frevler werden zerbrochen,*
doch die Gerechten stützt der HERR.

18 Der HERR weiß um die Tage der Bewährten,*
ihr Erbe hat ewig Bestand.

19 In bösen Zeiten werden sie nicht zuschanden,*
in den Tagen des Hungers werden sie satt.

20 Doch die Frevler gehen zugrunde,*
samt den Feinden des HERRN.

Sie schwinden hin wie die Pracht der Auen,*
wie Rauch schwinden sie hin.

21 Der Frevler leiht und kann's nicht erstatten,*
doch mildtätig schenkt der Gerechte.

22 Denn die von Ihm Gesegneten werden das Land besitzen,*
doch die von Ihm Verfluchten werden ausgetilgt.

23 Vom HERRN werden die Schritte des Menschen gefestigt,*
er hat Gefallen an seinem Weg.

24 Wenn er strauchelt, fällt er nicht,*
denn der HERR stützt seine Hand.

25 Jung war ich, nun bin ich alt,/
nie sah ich einen Gerechten verlassen,*
noch seine Nachkommen betteln um Brot.

26 Allzeit ist er mildtätig, gern leiht er aus,*
seine Nachkommen werden zum Segen.

27 Laß ab vom Bösen und tu das Gute,*
so bleibst du wohnen für immer.

28 Denn der HERR liebt das Recht,*
er wird seine Frommen nicht verlassen;

für immer werden sie bewahrt.*
Doch die Nachkommen der Frevler werden ausgetilgt.

29 Die Gerechten werden das Land besitzen*
und darin wohnen für alle Zeiten.

30 Der Mund des Gerechten murmelt Weisheit,*
und seine Zunge redet Recht.

31 Die Weisung seines Gottes ist in seinem Herzen,*
seine Schritte werden nicht wanken.

32 Der Frevler lauert dem Gerechten auf*
und sucht ihn zu töten.

33 Der HERR überläßt ihn nicht seiner Hand,*
läßt nicht zu, daß man ihn verurteilt vor Gericht.

34 Harre auf den HERRN*
und halte dich an seinen Weg!

Er wird dich erhöhen, das Land zu besitzen.*
Du wirst es sehen: Die Frevler werden ausgetilgt.

35 Ich sah einen Frevler voller Gewalttat,*
üppig sich breitend wie ein tiefverwurzelter Baum.

36 Er schwand dahin; siehe, er war nicht mehr da.*
Ich suchte ihn, er war nicht mehr zu finden.

37 Achte auf den Bewährten und schau auf den Redlichen,*
denn eine Zukunft hat der Mensch des Friedens.

38 Doch die Abtrünnigen werden allesamt vernichtet,*
abgeschnitten ist die Zukunft des Frevlers.

39 Das Heil der Gerechten kommt vom HERRN,*
ihrem Hort in Zeiten der Drangsal.

40 Der HERR hilft ihnen und rettet sie, /
er rettet sie vor den Frevlern und schenkt ihnen Heil;*
denn bei ihm fanden sie Zuflucht.

38

Ein Davidspsalm. Zum Gedenkopfer.

2 Herr, züchtige mich nicht in deinem Zorn!*
 Weis mich doch nicht so grimmig zurecht!

3 Denn in mich gefahren sind deine Pfeile,*
 und deine Hand fuhr auf mich nieder.

4 Nichts blieb gesund an meinem Fleisch, weil du mir grollst;*
 weil ich gesündigt, blieb nichts heil an meinen Gliedern.

5 Ja, meine Sünden wachsen mir über den Kopf,*
 sie erdrücken mich wie eine allzu schwere Last.

6 Stinkend und eitrig wurden meine Wunden*
 wegen meiner Torheit.

7 Gekrümmt bin ich, ganz tief gebeugt,*
 den ganzen Tag geh ich trauernd einher.

8 Denn voller Brand sind meine Lenden,*
 nichts blieb gesund an meinem Fleisch.

9 Ich bin erschöpft und ganz zerschlagen,*
 in der Qual meines Herzens brülle ich auf.

10 Vor dir, o Herr, liegt offen all mein Sehnen,*
 mein Seufzen ist dir nicht verborgen.

11 Es bebt mein Herz, /
 verlassen hat mich meine Kraft,*
 und das Licht meiner Augen – auch sie sind erloschen.

12 Freunde und Gefährten bleiben mir fern in meinem
    Unglück,*
  und alle, die mir nahestehen, meiden mich.

13 Die mir nach dem Leben trachten, legen mir Schlingen, /
    die mir Böses wollen, drohen mit Verderben,*
  auf Arglist sinnen sie den ganzen Tag.

14 Ich aber bin wie ein Tauber, der nicht hört,*
  wie ein Stummer, der seinen Mund nicht auftut.

15 Ja, ich bin wie einer, der nicht hören kann,*
  dessen Mund keine Entgegnung kennt.

16 Denn auf dich, o HERR, setze ich meine Hoffnung.*
  Du bist es doch, der Antwort gibt, Herr, du mein Gott!

17 So sage ich: »Sie sollen sich meiner nicht freuen,*
  nicht wider mich großtun, wenn ich strauchle.«

18 Wahrlich, dem Sturz bin ich nahe;*
  mein Schmerz ist mir immer vor Augen.

19 Darum will ich meine Schuld bekennen;*
  ich bin in Sorge wegen meiner Sünde.

20 Doch meine Feinde sind voller Leben und Kraft;*
  die mich täuschen und hassen, sind zahlreich;

21 sie vergelten mir Gutes mit Bösem,*
  sie sind mir feind, denn ich trachte nach dem Guten.

22 O HERR, verlaß mich nicht!*
   Mein Gott, bleib mir nicht fern!

23 Eile mir zu Hilfe,*
   Herr, du mein Heil!

39

Dem Musikmeister. Für Jedutun.
Ein Davidspsalm.

2 Ich sagte: »Meine Wege will ich bewahren,*
daß ich nicht sündige mit meiner Zunge.

Meinen Mund will ich mit einem Zaum verwahren,*
solange der Frevler vor mir steht.«

3 So verstummte ich denn und blieb still,/
ich schwieg – doch ohne Glück,*
denn immer heftiger wühlte der Schmerz.

4 Heiß wurde mir das Herz in der Brust,/
bei meinem Grübeln entbrannte ein Feuer,*
da ließ ich meine Zunge reden:

5 »Herr, laß mich doch wissen mein Ende,/
und welches das Maß meiner Tage ist,*
damit ich weiß, wie vergänglich ich bin!«

6 Siehe: Wenige Spannen lang machtest du meine Tage,/
meine Lebenszeit ist vor dir wie ein Nichts.*
Nur ein Hauch ist der Mensch, so fest er auch dasteht.

7 Nur wie ein Schemen geht der Mensch einher,/
nur ein Hauch ist, worum man Lärm macht.*
Man rafft zusammen und weiß nicht, wer einheimst.

8 Und nun, worauf soll ich harren, o Herr?*
Mein Hoffen, es gilt dir.

9 Von all meinen Sünden befreie mich;*
   gib mich nicht preis dem Spott des Toren.

10 Ich bin verstummt, tu meinen Mund nicht auf,*
   denn du hast es gefügt.

11 Nimm weg von mir deine Plage!*
   Ich vergehe unter dem Angriff deiner Hand.

12 Du rügst und züchtigst den Menschen ob seiner Schuld, /
   du zerstörst wie die Motte, was ihm lieb ist.*
   Der Mensch – er ist nur ein Hauch.

13 Höre mein Beten, o HERR, /
   vernimm mein Schreien,*
   schweige nicht zu meinen Tränen.

   Denn ich bin ja Gast bei dir,*
   ein Beisasse wie all meine Väter.

14 Schau weg von mir, /
   noch einmal laß mich froh sein,*
   ehe ich davon muß und nicht mehr bin.

40

Dem Musikmeister. Ein Davidslied. Ein Psalm.

2 Inständig rief ich zum Herrn, /
er neigte sich zu mir*
und hörte mein Schreien.

3 Er zog mich herauf aus der Grube des Grauens,*
aus dem Morast des Schlammes.

Er stellte meine Füße auf Felsengrund,*
er hat meine Schritte gefestigt.

4 Er gab mir ein neues Lied in den Mund,*
einen Gesang zum Lob unsres Gottes.

Viele sollen es schaun und erschauern*
und auf den Herrn vertrauen.

5 Selig der Mann, der auf den Herrn sein Vertrauen setzt,*
der nicht zu Stolzen sich hält, noch zu Dienern der Lüge.

6 So viel hast du für uns getan, du, Herr, mein Gott, /
deine Wunder und Pläne –*
niemand ist dir zu vergleichen!

Wollte ich davon künden und reden,*
es sind zum Erzählen zu viele!

7 Schlacht- und Speiseopfer gefielen dir nicht, /
du hast mir Ohren gegraben,*
Brand- und Sündopfer hast du nicht gefordert.

8 Darum sprach ich: »Siehe, ich komme!*
Es ist mir vorgeschrieben in der Rolle des Buches.

9 Es ist meine Freude, mein Gott, deinen Willen zu tun;*
in meinem Innersten ist deine Weisung.

10 Ich werde Gerechtigkeit künden in großer Gemeinde,*
ja, ich werde meine Lippen nicht verschließen.«

O H\ERR, du weißt es:*
11 Deine Gerechtigkeit habe ich nicht im Herzen verborgen.

Ich habe geredet von deiner Wahrheit und deiner
     rettenden Stärke,*
deine Huld und Treue verhehlte ich nicht der großen
     Gemeinde.

12 Du, H\ERR, wirst dein Erbarmen nicht vor mir
     verschließen,*
deine Huld und Treue werden mich immer behüten.

13 Leiden ohne Zahl umfangen mich, /
meine Sünden haben mich eingeholt.*
Ich kann den Blick nicht mehr erheben.

Mehr sind es als die Haare meines Hauptes,*
mich hat der Mut verlassen.

14 Sei gnädig, o H\ERR, reiß mich heraus,*
o H\ERR, eile zu Hilfe!

15 In Schmach und Schande sollen fallen*
alle, die mir nach dem Leben trachten!

Zurückweichen sollen und vor Scham erröten,*
die sich an meinem Unglück freuen.

16 Entsetzen sollen sich über ihre Beschämung,*
die zu mir sagen: »Recht ist es, recht so!«

17 Frohlocken sollen und deiner sich freuen*
alle, die dich suchen.

»Groß ist der HERR!«, sollen immerdar rufen,*
die deine rettende Stärke lieben.

18 Bin ich auch arm und elend,*
mein Herr wird für mich sorgen.

Meine Hilfe und mein Befreier bist du.*
Mein Gott, o säume nicht!

41

Dem Musikmeister. Ein Davidspsalm.

2 Selig, wer auf den Schwachen achtet;*
   am Tag des Unheils wird der Herr ihn retten.

3 Der Herr behütet ihn, er hält ihn am Leben, /
   daß man ihn seligpreist im Lande:*
   Gib ihn nicht preis der Gier seiner Feinde.

4 Auf seinem Krankenbett stützt ihn der Herr,*
   sein Krankenlager wandelst du völlig.

5 Ich sagte: »Herr, sei mir gnädig!*
   Heile mich, denn ich habe gegen dich gesündigt!«

6 Meine Feinde reden über mich Böses:*
   »Wann stirbt er endlich, wann vergeht sein Name?«

7 Kommt einer, nach mir zu sehen,*
   so redet er Falschheit:

   sein Herz reimt sich Übles zusammen;*
   er geht auf die Straße und sagt es weiter.

8 Vereint gegen mich tuscheln all meine Hasser,*
   sie sinnen wider mich Unheil:

9 »Unheimliches hat sich über ihn ergossen.*
   Wer so daliegt, wird nie mehr aufstehn.«

10 Auch mein Freund, dem ich vertraute und der mein Brot aß,*
   er hat die Ferse wider mich erhoben.

11 Du aber, HERR, sei mir gnädig!*
   Richte mich auf, damit ich ihnen vergelten kann.

12 Daran erkenne ich, daß du an mir Gefallen hast:*
   wenn mein Feind nicht über mich triumphieren darf.

13 Mich, der ich aufrichtig bin, hältst du aufrecht*
   und stellst mich vor dein Angesicht für immer.

14 Gepriesen sei der HERR, der Gott Israels, /
   von Ewigkeit zu Ewigkeit!*
   Amen, ja amen.

42/43

DEM MUSIKMEISTER. EIN MASKIL.
EIN LIED DER SÖHNE KORACHS.

2 Wie die Hinde lechzt nach strömendem Wasser,*
so lechzt nach dir, o Gott, meine Seele.

3 Meine Seele dürstet nach Gott, /
nach Gott, dem Lebendigen.*
Wann darf ich kommen und vor Gottes Antlitz
  erscheinen?

4 Tränen wurden mein Brot bei Tag und bei Nacht, /
denn man sagt zu mir alle Tage:*
»Wo ist nun dein Gott?«

5 Ich denke daran, und das Herz geht mir über: /
wie ich im Gedränge dahinschritt,*
ihnen vorauszog zum Hause Gottes

beim Schall des Jubels und Dankes,*
im Toben der feiernden Menge.

6 Was bist du so betrübt, meine Seele,*
und was tobst du in mir?

Harre auf Gott! /
Ich darf ihn wieder preisen,*
meinen Heiland und meinen Gott!

7 Betrübt ist meine Seele in mir, /
  darum denke ich dein im Land des Jordan,*
  vom Hermon her, vom Berge Mizar.

8 Flut ruft der Flut beim Tosen deiner stürzenden Wasser,*
  all deine Wogen und Wellen gehen über mich hin.

9 Am Tage entbietet der HERR seine Huld, /
  in der Nacht ist sein Lied bei mir,*
  das Gebet zum Gott meines Lebens.

10 Ich sage zu Gott, meinem Fels: /
   »Warum hast du mich vergessen?*
   Warum geh ich trauernd einher, bedrängt vom Feind?«

11 Der Hohn meiner Gegner trifft mich bis ins Mark, /
   denn sie sagen zu mir alle Tage:*
   »Wo ist nun dein Gott?«

12 Was bist du so betrübt, meine Seele,*
   und was tobst du in mir?

   Harre auf Gott! /
   Ich darf ihn wieder preisen,*
   meinen Heiland und meinen Gott!

1 Schaffe mir Recht, o Gott, /
   und führe meine Sache gegen ein treuloses Volk!*
   Dem Mann des Trugs und des Unrechts laß mich entrinnen!

2 Denn du bist der Gott meiner Zuflucht. /
   Warum hast du mich verstoßen?*
   Warum geh ich trauernd einher, bedrängt vom Feind?

3 Sende dein Licht und deine Treue: /
   die sollen mich leiten,*
   sie sollen mich führen zu deinem heiligen Berg
      und zu deiner Wohnung.

4 Dann will ich hintreten zum Altare Gottes,*
   zum Gott meiner jauchzenden Freude.

   Auf der Harfe will ich dich preisen,*
   Gott, du mein Gott!

5 Was bist du so betrübt, meine Seele,*
   und was tobst du in mir?

   Harre auf Gott! /
   Ich darf ihn wieder preisen,*
   meinen Heiland und meinen Gott!

44

DEM MUSIKMEISTER.
EIN LIED DER SÖHNE KORACHS. EIN MASKIL.

2 O Gott, wir hörten es mit eigenen Ohren,*
unsere Väter haben uns erzählt

vom Werk, das du in ihren Tagen gewirkt hast,*
in den Tagen der Vorzeit:

3 Mit eigener Hand hast du Völker vertrieben,*
sie aber pflanztest du ein;

Nationen hast du übel mitgespielt,*
doch ihnen gabst du freie Entfaltung.

4 Nicht mit ihrem Schwert nahmen sie das Land in Besitz,*
nicht ihr Arm hat ihnen Sieg verschafft,

nein, es war deine Rechte, /
dein Arm und dein leuchtendes Angesicht.*
Denn du hattest an ihnen Gefallen.

5 Du selbst bist mein König, o Gott.*
Entbiete Rettung für Jakob!

6 Mit dir stoßen wir unsre Bedränger nieder,*
in deinem Namen zertreten wir, die wider uns aufstehn.

7 Denn ich vertraue nicht auf meinen Bogen,*
und nicht mein Schwert läßt mich siegen.

8 Nein, du läßt uns siegen über unsre Bedränger,*
du läßt zuschanden werden, die uns hassen.

9 Gottes rühmten wir uns alle Tage,*
und deinen Namen preisen wir auf ewig.

10 Nun aber hast du uns verstoßen und mit Schmach beladen;*
du ziehst nicht mehr aus mit unsern Heeren.

11 Vor dem Bedränger läßt du uns weichen,*
und die uns hassen, plündern uns aus.

12 Du gibst uns preis wie Schafe zur Schlachtung,*
du zerstreust uns unter die Völker.

13 Du verkaufst dein Volk um ein Spottgeld*
und ziehst aus dem Erlös keinen Gewinn.

14 Du machst uns für unsre Nachbarn zum Schimpf,*
zu Spott und Hohn für unsre Umgebung.

15 Du machst uns unter den Völkern zum Sprichwort,*
die Nationen schütteln über uns den Kopf.

16 Meine Schmach steht mir immer vor Augen,*
und Scham bedeckt mein Gesicht

17 wegen der Stimme des lästernden Spötters,*
wegen der Blicke des rachgierigen Feindes.

18 All das ist über uns gekommen, /
obwohl wir deiner nicht vergaßen*
und deinen Bund nicht verrieten.

19 Unser Herz wich nicht zurück,*
und unsre Schritte sind nicht abgeirrt von deinem Pfad.

20 Doch du hast uns zerschlagen am Ort der Schakale*
und uns mit Finsternis bedeckt.

21 Hätten wir den Namen unseres Gottes vergessen,*
zu einem fremden Gott die Hände erhoben –

22 würde Gott das nicht erforschen?*
Er kennt ja die Heimlichkeiten des Herzens.

23 Doch deinetwegen werden wir getötet alle Tage,*
wir gelten als Schafe, die zum Schlachten bestimmt sind.

24 Wach auf! Warum schläfst du, o Herr?*
Erwache, verstoß nicht für immer!

25 Warum verbirgst du dein Angesicht,*
vergißt unsre Not und Bedrängnis?

26 In den Staub gegossen ist die Kraft unsres Lebens,*
unser Bauch klebt am Boden.

27 Steh auf und hilf uns!*
Erlöse uns, getreu deiner Huld!

45

DEM MUSIKMEISTER. AUF »LOTOSBLÜTEN«. EIN LIED DER
SÖHNE KORACHS. EIN MASKIL. EIN LIEBESGESANG.

2 Mein Herz wallt auf zu einem guten Wort, /
ich widme mein Gedicht dem König.*
Meine Zunge ist der Griffel eines flinken Schreibers.

3 Du bist der Schönste unter den Menschen, /
Anmut ist ausgegossen über deine Lippen,*
hat doch Gott dich gesegnet auf ewig.

4 Gürte, du Held, dein Schwert um die Hüfte,*
tritt auf mit deiner Pracht und Hoheit!

5 Mit Glück zieh aus für die Sache der Wahrheit, /
verhilf dem Gebeugten zum Recht:*
furchtbare Taten soll deine Rechte dich lehren.

6 Deine Pfeile sind scharf, dir unterliegen die Völker,*
mutlos werden die Feinde des Königs.

7 Dein Thron, du Göttlicher, steht für immer und ewig;*
ein Zepter der Geradheit ist das Zepter deines
    Königtums.

8 Du liebst Gerechtigkeit und hassest Frevel, /
hat Gott, dein Gott, dich doch gesalbt mit dem Öl des
    Frohlockens*
wie keinen von deinen Gefährten.

9 Von Myrrhe, Aloë und Kassia duften all deine Kleider,*
aus dem Palast von Elfenbein erfreut dich Saitenspiel.

10 Die Königstochter steht da unter deinen Geliebten, /
   Gemahlin zu sein zu deiner Rechten*
   im Schmuck des Goldes von Ofir.

11 »Höre, o Tochter, sieh her und neige dein Ohr,*
   vergiß dein Volk und das Haus deines Vaters!

12 Der König verlangt nach deiner Schönheit,*
   er ist ja dein Herr: vor ihm sollst du dich neigen.

13 Die Tochter Tyrus kommt mit Geschenken:*
   um deine Gunst werben die Reichen des Volkes.«

14 Die Königstochter – lauter Herrlichkeit ist sie bei ihrem Einzug,*
   in golddurchwirkten und bunt bestickten Gewändern.

15 Sie wird zum König geleitet, /
   Jungfrauen sind ihr Gefolge,*
   ihre Freundinnen werden dir zugeführt.

16 Sie werden geleitet mit Freudenrufen und Jubel,*
   sie ziehen ein in den Palast des Königs.

17 An die Stelle deiner Väter treten deine Söhne,*
   du setzt sie ein als Fürsten über die Lande.

18 Deinen Namen will ich rühmen durch alle Geschlechter:*
   so werden die Völker dich preisen auf immer und ewig.

46

DEM MUSIKMEISTER. EIN LIED DER SÖHNE KORACHS.
AUF »MÄDCHEN«. EIN GESANG.

2 Gott ist uns Zuflucht und Stärke,*
vielfach bewährt als Helfer in Nöten.

3 Darum bangen wir nicht, mag auch die Erde wanken,*
mögen Berge stürzen in die Tiefe des Meeres.

4 Wenn seine Wogen auch tosen und schäumen*
und Berge erzittern vor seinem Ungestüm:

(Mit uns ist der HERR der Scharen,*
der Gott Jakobs ist unsre Burg.)

5 Des Stromes Arme erfreuen die Gottesstadt,*
des Höchsten heilige Wohnung.

6 Gott ist in ihrer Mitte, sie wird nicht wanken;*
am frühen Morgen schon bringt Gott ihr Hilfe.

7 Völker toben, Reiche wanken,*
er donnert drein, da schmilzt die Erde.

8 Mit uns ist der HERR der Scharen,*
der Gott Jakobs ist unsre Burg.

9 Kommt und schaut die Taten des HERRN:*
Schauder erregt er auf Erden.

10 Er setzt den Kriegen ein Ende, bis an die Grenzen
    der Erde, /
   zerbricht die Bogen, zerschlägt die Lanzen,*
   verbrennt die Wagen im Feuer.

11 »Laßt ab und erkennt, daß ich Gott bin:*
   erhaben über die Völker, erhaben auf Erden.«

12 Mit uns ist der HERR der Scharen,*
   der Gott Jakobs ist unsre Burg.

47

DEM MUSIKMEISTER.
EIN LIED DER SÖHNE KORACHS. EIN PSALM.

2 Ihr Völker alle, klatscht in die Hände,*
 jauchzt Gott zu mit lautem Jubel!

3 Denn furchtgebietend ist der HERR, der Höchste,*
 ein großer König über die ganze Erde.

4 Er unterwirft uns Völker,*
 Nationen unter unsre Füße.

5 Er wählt für uns unsern Erbbesitz aus,*
 den Stolz Jakobs, den er lieb hat.

6 Gott stieg empor unter Jubel,*
 der HERR beim Schall der Posaunen.

7 Spielt unserm Gott, ja spielt ihm!*
 Spielt unserm König, spielt ihm!

8 Denn König der ganzen Erde ist Gott.*
 Spielt ihm ein Psalmenlied!

9 Gott wurde König über die Völker,*
 Gott hat sich auf seinen heiligen Thron gesetzt.

10 Versammelt sind die Fürsten der Völker*
 als Volk des Gottes Abrahams.

 Denn Gott gehören die Schilde der Erde:*
 er ist hoch erhaben.

48

EIN GESANG. EIN PSALM.
EIN LIED DER SÖHNE KORACHS.

2 Groß ist der HERR und hoch zu preisen*
in der Stadt unseres Gottes.

3 Sein heiliger Berg, die herrliche Höhe,*
ist die Wonne der ganzen Erde.

Der Berg Zion, weit im Norden,*
ist die Stadt des großen Königs.

4 In ihren Palästen*
hat Gott als sicherer Schutz sich erwiesen.

5 Denn siehe: Die Könige traten zusammen,*
gemeinsam rückten sie näher.

6 Sie sahen auf, – da erstarrten sie,*
gerieten in Angst, flohen vor Schrecken.

7 Beben erfaßte sie dort*
wie die Wehen eine Gebärende.

8 Mit dem Sturm aus dem Osten*
zerschmetterst du die Schiffe von Tarschisch.

9 Wie wir's gehört, so haben wir's gesehen*
in der Stadt des HERRN der Scharen,

in der Stadt unseres Gottes:*
Gott hat sie befestigt auf ewig.

10 Wir bedenken, o Gott, deine Huld*
inmitten deines Tempels.

11 Wie dein Name, o Gott, /
so reicht dein Ruhm bis an der Erde Grenzen.*
Voll der Gerechtigkeit ist deine Rechte.

12 Es freue sich der Zionsberg, /
jubeln sollen die Töchter Judas*
über deine Gerichte.

13 Umkreist den Zion und umschreitet ihn,*
zählt seine Türme.

14 Betrachtet seine Wälle, /
schreitet durch seine Paläste,*
damit ihr künden könnt dem kommenden Geschlechte:

15 Das ist Gott, unser Gott auf immer und ewig!*
Er selber wird uns führen.

49

DEM MUSIKMEISTER.
EIN LIED DER SÖHNE KORACHS. EIN PSALM.

2 Hört dies an, ihr Völker alle,*
  lauscht, ihr Bewohner der Welt,

3 ihr Leute vom Volk, ihr Leute vom Adel,*
  Reiche und Arme zusammen!

4 Mein Mund spricht Weisheit,*
  das Sinnen meines Herzens ist Einsicht.

5 Zu einem Spruch neig ich mein Ohr,*
  ich löse mein Rätsel auf beim Harfenspiel.

6 Was soll ich mich fürchten in Tagen des Unheils,*
  wenn mich der Frevel von Betrügern umgibt,

7 die auf ihr Vermögen vertrauen*
  und sich ihres großen Reichtums rühmen.

8 Doch loskaufen kann sich keiner,/
  keiner kann Gott sein Lösegeld geben –*
9 für sein Leben ist jeder Kaufpreis zu hoch.

  Für immer muß er davon abstehn,
10   daß er auf ewig weiterlebt,*
  daß er niemals das Grab schaut.

11 O nein, er schaut es! /
   Weise sterben – mit Tor und Narr zusammen gehn sie
      zugrunde,*
   sie lassen ihr Vermögen andern.

12 Sie meinen, ihre Häuser stehen auf ewig, /
   ihre Wohnungen von Geschlecht zu Geschlecht:*
   hatten sie doch Länder nach ihren Namen benannt.

13 Der Mensch in seiner Pracht – er bleibt nicht,*
   er gleicht dem Vieh, das man stumm macht.

14 So geht es ihnen! Sie sind voller Torheit.*
   Und die an ihren Lippen hängen, müssen ihnen nach.

15 Wie eine Herde trotten sie zur Unterwelt, /
   auf die Weide führt sie der Tod.*
   Die Gerechten herrschen über sie am Morgen.

   Ihre Gestalt zerfällt in der Unterwelt,*
   fern von ihren Palästen.

16 Gott aber kauft mich los aus der Gewalt der Unterwelt,*
   ja, er nimmt mich auf.

17 Fürchte dich nicht, wenn einer reich wird,*
   wenn die Herrlichkeit seines Hauses sich mehrt.

18 Denn im Tod nimmt er das alles nicht mit,*
   seine Herrlichkeit folgt ihm nicht hinab.

19 Mag er sich glücklich preisen, solange er lebt:*
   »Man lobt dich, weil du dir's wohl sein läßt«,

20 er kommt dennoch zum Geschlecht seiner Väter hinab,*
   zu jenen, die niemals mehr das Licht sehn.

21 Der Mensch in seiner Pracht – er hat keine Einsicht,*
   er gleicht dem Vieh, das man stumm macht.

50

Ein Asafpsalm.

Es spricht der HERR, der Gott der Götter, /
er ruft die Erde*
vom Aufgang der Sonne bis zum Untergang.

2 Vom Zion her, der Krone der Schönheit,*
zeigt Gott sich in strahlendem Glanze.

3 Unser Gott kommt, er kann nicht schweigen:*
Feuer frißt vor ihm her, rings um ihn stürmt es gewaltig.

4 Den Himmel droben ruft er auf und die Erde*
zum Gericht an seinem Volke.

5 »Versammelt mir meine Frommen,*
die den Bund mit mir schlossen beim Opfer!«

6 Die Himmel sollen seine Gerechtigkeit künden:*
Gott selbst ist der Richter.

7 »Höre, mein Volk, ich will reden, /
Israel, ich will gegen dich zeugen,*
ich, Gott, der ich dein Gott bin.

8 Nicht deiner Opfer wegen klag ich dich an,*
deine Brandopfer sind mir ja immer vor Augen.

9 Doch ich nehme keinen Farren aus deinem Hause,*
noch Böcke aus deinen Hürden.

10 Mein ist ja alles Getier des Waldes,*
zu Tausenden mein das Wild auf den Bergen.

11 Die Vögel der Berge, ich kenne sie alle,*
   was sich regt auf dem Feld, ist mein Eigen.

12 Hätte ich Hunger, ich bräuchte es dir nicht zu sagen,*
   denn mein ist der Erdkreis und seine Fülle.

13 Esse ich denn das Fleisch von Stieren,*
   trinke ich das Blut von Böcken?

14 Bringe Gott Lobpreis als Opfer dar,*
   erfülle dem Höchsten deine Gelübde!

15 Rufe mich an am Tag der Drangsal,*
   ich werde dich retten, und du wirst mich ehren!«

16 Zum Frevler aber sagt Gott: /
   »Was soll's, daß du meine Satzungen aufzählst*
   und meinen Bund im Mund führst?

17 Dabei ist Zucht dir verhaßt,*
   und meine Worte wirfst du hinter dich.

18 Siehst du einen Dieb, gehst du mit ihm,*
   mit Ehebrechern hast du Gemeinschaft.

19 Du läßt deinen Mund sich in Bosheit ergehen,*
   und deine Zunge stiftet Betrug an.

20 Du setzt dich hin und redest gegen deinen Bruder,*
   auf den Sohn deiner Mutter häufst du Verleumdung.

21 Das hast du getan, und ich soll schweigen? /
   Meinst du, ich sei wirklich wie du?*
   Ich klage dich an, ich stelle es dir vor Augen.

22 Ihr Gottvergessenen, seht es doch ein!*
   Sonst zerreiße ich, und niemand rettet! –

23 Es ehrt mich, wer als Opfer Lobpreis darbringt,*
   er bereitet den Weg, auf dem ich Gottes Heil ihm zeige.«

51

DEM MUSIKMEISTER. EIN DAVIDSPSALM.
2 ALS ZU IHM GING NATAN DER PROPHET,
NACHDEM ER ZU BATSEBA GEGANGEN WAR.

3 Sei mir gnädig, o Gott, nach deiner Güte,*
in der Fülle deines Erbarmens tilge meine Frevel.

4 Wasche die Schuld ganz von mir ab*
und reinige mich von meiner Sünde.

5 Denn meine Frevel erkenne ich,*
und meine Sünde steht mir immer vor Augen.

6 Gegen dich allein hab ich gesündigt,*
ich habe getan, was vor dir böse ist.

So hast du recht mit deinem Urteil,*
bleibst lauter in deinem Richtspruch.

7 Zwar bin ich in Schuld geboren,*
in Sünde bin ich, seit mich die Mutter empfing,

8 doch an Wahrheit im Innersten hast du Gefallen,*
im Geheimen lehrst du mich Weisheit.

9 Entsündige mich mit Ysop, so werde ich rein,*
wasche mich, so werde ich weißer als Schnee.

10 Laß mich Jubel und Freude erfahren!*
Frohlocken sollen die Glieder, die du zerschlagen.

11 Verbirg dein Angesicht vor meinen Sünden,*
tilge all meine Schuld!

12 Ein reines Herz erschaff mir, o Gott;*
den festen Geist erneuere in meinem Innern!

13 Verwirf mich nicht von deinem Angesicht,*
und nimm mir nicht deinen heiligen Geist!

14 Aufs neue schenke mir die Freude deines Heiles,*
der Geist der Großmut stütze mich!

15 Dann will ich Frevler deine Wege lehren,*
damit die Sünder sich zu dir bekehren.

16 Entreiß mich der Blutschuld, /
o Gott, du Gott meines Heiles,*
dann wird meine Zunge über deine Gerechtigkeit jubeln.

17 HERR, öffne meine Lippen,*
damit mein Mund dein Lob verkünde!

18 Denn Schlachtopfer willst du nicht,
ich würde sie geben;*
an Brandopfern hast du kein Gefallen.

19 Das Opfer für Gott ist ein zerbrochener Geist,*
ein zerbrochenes und zerschlagenes Herz
wirst du, o Gott, nicht verschmähen.

20 In deiner Huld tu Gutes an Zion,*
erbaue Jerusalems Mauern!

21 Dann hast du Freude an rechten Opfern, /
dann nimmst du Brandopfer und Ganzopfer an,*
dann bringt man Stiere dar auf deinem Altar.

52

Dem Musikmeister. Ein Davids-Maskil.
2 Als Doëg, der Edomiter, kam und Saul berichtete
und zu ihm sprach: »Gekommen ist David in das
Haus Ahimelechs.«

3 Du Held, was rühmst du dich der Bosheit?*
Die Güte Gottes währt den ganzen Tag!

4 Deine Zunge plant Unheil, /
sie ist ein geschliffenes Messer,*
du Mann, der Trug übt.

5 Du liebst das Böse mehr als das Gute*
und Lüge mehr als gerechtes Reden.

6 Du liebst alle Worte des Verderbens,*
du trügerische Zunge.

7 Gott selbst wird dich niederreißen für immer, /
er rafft dich weg und reißt dich aus dem Zelt;*
er entwurzelt dich aus dem Lande der Lebenden.

8 Gerechte werden es sehn und sich fürchten,*
sie werden über ihn lachen:

9 »Was für ein Held!*
Er machte nicht Gott zu seiner Stärke,

er vertraute auf die Größe seines Reichtums*
und wähnte sich stark in seinem verderblichen Tun.«

10 Ich aber bin wie ein grünender Ölbaum im Hause
   Gottes;*
   auf Gottes Güte vertraue ich immer und ewig.

11 Ich danke dir in Ewigkeit,*
   denn du hast es getan.

   Im Kreis deiner Frommen hoffe ich auf deinen Namen:*
   denn er ist gut!

53

DEM MUSIKMEISTER. AUF »MACHALAT«.
EIN DAVIDS-MASKIL.

2 Der Tor spricht in seinem Herzen:*
»Es gibt keinen Gott.«

Sie handeln verderbt und abscheulich,*
es gibt keinen, der Gutes tut.

3 Gott blickt vom Himmel herab auf die Menschen,/
zu sehn, ob noch einer da ist, der verständig ist,*
einer, der Gott sucht.

4 Abtrünnig sind alle, alle zusammen verdorben,/
es gibt keinen, der Gutes tut,*
nicht einen einzigen.

5 Haben die Übeltäter keine Einsicht?/
Sie fressen mein Volk, als äßen sie Brot.*
Gott rufen sie nicht an.

6 Da, es überfällt sie gewaltiger Schrecken,/
ohne daß etwas Erschreckendes da ist,*
denn Gott zerstreut die Gebeine deines Bedrängers:

du machst sie zuschanden,*
denn Gott hat sie verworfen.

7 Wer schenkt vom Zion her Israel Heil?*
Wenn Gott das Schicksal seines Volkes wendet,
    wird Jakob jubeln und Israel sich freun.

54

DEM MUSIKMEISTER. MIT SAITENSPIEL.
EIN DAVIDS-MASKIL.
2 ALS DIE SIFITER KAMEN UND ZU SAUL SAGTEN:
»SIEHE, DAVID HÄLT SICH BEI UNS VERBORGEN.«

3 O Gott, um deines Namens willen hilf mir,*
schaffe mir Recht in deiner Kraft!

4 O Gott, höre mein Gebet,*
vernimm doch die Worte meines Mundes!

5 Denn Fremde haben sich wider mich erhoben, /
Gewalttätige trachten mir nach dem Leben.*
Sie stellen sich Gott nicht vor Augen.

6 Siehe, Gott ist mein Helfer,*
der Herr ist einer, der mich stützt.

7 Er wendet das Böse zurück auf meine Gegner.*
Ja, in deiner Treue bring sie zum Schweigen!

8 Willigen Herzens bringe ich dir mein Opfer, /
deinem Namen, o HERR, will ich danken:*
denn er ist gut!

9 Er hat mich aller Drangsal entrissen:*
mein Auge schaut herab auf meine Feinde.

55

DEM MUSIKMEISTER. MIT SAITENSPIEL.
EIN DAVIDS-MASKIL.

2 Vernimm, o Gott, mein Gebet, /
verbirg dich nicht vor meinem Flehen!*
3 Achte auf mich und gib mir Antwort!

Klagend und seufzend irre ich umher*
4 vor dem Geschrei des Feindes, unter dem Druck
des Frevlers.

Denn sie bringen mich durch Unrecht ins Wanken,*
und sie beschuldigen mich wütend.

5 Das Herz bebt mir in der Brust,*
mich überfallen die Schrecken des Todes.

6 Furcht und Zittern überkommt mich,*
und es bedeckt mich Entsetzen.

7 Da sage ich: »Hätt' ich doch Flügel wie die Taube,*
ich flöge davon und fände Geborgenheit.

8 Weit fort würde ich fliehen*
und mich niederlassen in der Wüste.

9 Ich fände für mich eine Zuflucht*
vor Sturm und Gewitter.«

10 Verwirre, Herr, mach uneins ihre Sprache!*
Denn in der Stadt sehe ich Streit und Gewalttat,

11 Tag und Nacht machen sie auf ihren Mauern die
     Runde.*
   Mitten in ihr ist Quälerei und Unrecht,

12 mitten in ihr herrscht Verderben,*
   nicht weichen von ihrem Markt Betrug und Erpressung.

13 Denn nicht ein Feind beschimpft mich*
   – das könnte ich ertragen,

   nicht einer, der mich haßt, tritt groß gegen mich auf*
   – vor ihm könnte ich mich verbergen.

14 Nun aber bist du es, ein Mensch meines Standes,*
   mein Freund und mein Vertrauter.

15 Wir haben doch unsre Gemeinschaft genossen,*
   wir gingen im Hause Gottes umher in wogender Menge.

16 Verderben komme über sie, /
   lebendig sollen sie hinab zur Unterwelt!*
   Denn Bosheit wohnt in ihren Häusern und Herzen.

17 Ich aber, zu Gott will ich rufen,*
   und der HERR wird mir helfen.

18 Am Abend, am Morgen, am Mittag
     will ich klagen und seufzen,*
   und er wird meine Stimme hören.

19 Er erlöst mich, /
   vor Angriffen bin ich in Sicherheit,*
   denn viele stehen mir zur Seite.

20 Gott wird mich hören und die Feinde beugen,*
er, der da thront seit Anbeginn.

Denn sie wollen sich nicht ändern*
und wollen Gott nicht fürchten.

21 Jener Mensch legt Hand an seine Freunde,*
seinen Bund entweiht er.

22 Glatt wie Butter ist die Rede seines Mundes,*
aber sein Herz denkt an Angriff,

linder als Öl sind seine Worte,*
und sind doch gezückte Dolche.

23 Wirf deine Last auf den HERRN, /
er selber wird für dich sorgen.*
Niemals läßt er den Gerechten wanken.

24 Denn du, o Gott, du wirfst sie hinab in den gähnenden Abgrund. /
Gewalttätige und Betrüger erreichen nicht die Hälfte ihrer Tage.*
Ich aber, ich setze auf dich mein Vertrauen.

56

DEM MUSIKMEISTER. AUF »TAUBE DES VERSTUMMENS
UNTER FERNEN«. EIN DAVIDSLIED. EIN MIKTAM.
ALS IHN DIE PHILISTER IN GAT ERGRIFFEN.

2 Sei mir gnädig, o Gott, denn Menschen stellen mir nach;*
 sie bedrängen mich feindlich Tag für Tag.

3 Tag für Tag stellen die Gegner mir nach;*
 ja, viele sind es, o Höchster, die mich bekämpfen.

4 Am Tag, da ich mich fürchten muß,*
 setze ich auf dich mein Vertrauen.

5 Auf Gott, dessen Wort ich preise, /
 auf Gott vertraue ich, – ich fürchte mich nicht.*
 Was können Menschen mir antun?

6 Jeden Tag verdrehn sie meine Worte,*
 ihr ganzes Sinnen geht auf mein Verderben.

7 Sie lauern und spähen, /
 sie achten genau auf meine Schritte,*
 denn sie trachten mir nach dem Leben.

8 Sollen sie trotz ihres Frevels entrinnen?*
 Stürze die Völker, o Gott, in deinem Zorn!

9 Die Wege meines Elends, du hast sie gezählt. /
 In deinem Schlauch sind meine Tränen verwahrt.*
 Stehen sie nicht in deinem Buch?

10 Da weichen die Feinde zurück am Tag, da ich rufe.*
Ich habe erkannt: Mir steht Gott zur Seite.

11 Auf Gott, dessen Wort ich preise, /
12 auf Gott vertraue ich, – ich fürchte mich nicht.*
Was können Menschen mir antun?

13 Ich schulde dir, o Gott, was ich gelobte,*
Dankopfer will ich dir entrichten.

14 Denn du hast mein Leben dem Tod entrissen. /
Hast du nicht meinen Fuß vor dem Straucheln
   bewahrt?*
Ich wandle vor Gott im Lichte der Lebenden.

57

DEM MUSIKMEISTER. »VERDIRB NICHT!«
EIN DAVIDSLIED. EIN MIKTAM.
ALS ER VOR SAUL FLOH. IN DER HÖHLE.

2 Sei mir gnädig, o Gott, sei mir gnädig,*
denn bei dir suche ich Zuflucht.

Ich flüchte in den Schatten deiner Flügel,*
bis das Unheil vorüber ist.

3 Ich rufe zu Gott, dem Höchsten,*
zu Gott, der mir beisteht.

4 Er sende mir Hilfe vom Himmel, /
– es höhnt mein Bedränger! –*
Gott sende seine Liebe und Treue!

5 Ich muß mitten unter Löwen lagern,*
die gierig auf Menschen sind.

Ihre Zähne sind Spieße und Pfeile,*
ein geschliffenes Schwert ihre Zunge.

7 Sie legten ein Netz meinen Schritten
    und beugten mich, /
sie schaufelten mir eine Grube*
– und sind selber hineingestürzt.

6 Erhebe dich über die Himmel, o Gott!*
Deine Herrlichkeit überstrahle die ganze Erde!

8 Mein Herz ist bereit, o Gott, /
mein Herz ist bereit.*
Ich will singen und spielen.

9 Wach auf, meine Seele! /
Harfe und Leier, wacht auf!*
Ich will das Morgenrot wecken.

10 Ich will dich preisen, Herr, unter den Völkern,*
dir vor den Nationen lobsingen.

11 Denn deine Liebe reicht bis zum Himmel*
und deine Treue bis zu den Wolken.

12 Erhebe dich über die Himmel, o Gott!*
Deine Herrlichkeit überstrahle die ganze Erde!

58

DEM MUSIKMEISTER. »VERDIRB NICHT!«
EIN DAVIDSLIED. EIN MIKTAM.

2 Sprecht ihr wirklich Recht, ihr Mächtigen?*
  Ihr Menschen, richtet ihr gerecht?

3 Sogar im Herzen übt ihr Frevel,*
  der Gewalttat eurer Hände bahnt ihr im Lande den Weg.

4 Vom Mutterschoß an sind abgewichen die Frevler,*
  vom Mutterleib an irren die Lügner ab.

5 Ihr Gift ist wie das Gift der Schlange,*
  sie gleichen der tauben Viper, die ihr Ohr verschließt;

6 sie hört nicht auf die Stimme der Beschwörer*
  und des Zauberers, der die Zaubersprüche beherrscht.

7 O Gott, zerbrich ihnen die Zähne im Mund!*
  O HERR, zerschlage das Gebiß der Löwen!

8 Sie sollen verworfen sein /
  wie Wasser, das sich verläuft,*
  wie Pfeile, die knicken, sobald man sie auflegt,

9 wie die Schnecke, die im Schleim dahingeht,*
  wie eine Fehlgeburt, welche die Sonne nicht schaut.

10 Ehe eure Kessel das Dorngestrüpp spüren,*
   fegt es, obgleich es noch grün ist, die Zornglut hinweg.

11 Der Gerechte freut sich, denn er sieht die Vergeltung,*
   er badet seine Füße im Blut des Frevlers.

12 Dann wird man sagen: /
   »Ja, der Gerechte erhält seinen Lohn;*
   ja, es gibt einen Gott, der auf Erden Gericht hält.«

59

DEM MUSIKMEISTER. »VERDIRB NICHT!«
EIN DAVIDSLIED. EIN MIKTAM.
ALS SAUL HINSCHICKTE, UND SIE DAS HAUS BEWACHTEN,
UM IHN ZU TÖTEN.

2 Entreiß mich den Feinden, mein Gott,*
vor meinen Widersachern schütze mich!

3 Entreiß mich denen, die Unrecht tun,*
vor blutgierigen Menschen rette mich.

4 Denn siehe: Sie lauern mir auf,*
Mächtige greifen mich an.

An mir, o HERR, ist nicht Frevel noch Sünde; /
5 ich bin ohne Schuld.*
Sie aber stürmen vor und stellen sich auf.

Wach auf, komm mir entgegen und schaue,*
6 du, HERR, Gott der Heerscharen, Israels Gott!

Erwache, suche heim alle Völker!*
Sei keinem frevelnden Verräter gnädig!

7 Abend für Abend kehren sie wieder,*
sie heulen wie Hunde und umkreisen die Stadt.

8 Ja, sie geifern mit ihrem Maul, /
wie Schwerter ist's auf ihren Lippen:*
»Wer wird es schon hören?«

9 Du aber, HERR, verlachst sie,*
   du spottest über alle Völker.

10 Meine Stärke, auf dich will ich achten, /
   denn Gott ist meine Burg,*
11 er, der Gott meiner Liebe!

   Gott kommt mir zuvor,*
   er läßt mich herabsehn auf meine Bedränger.

12 Töte sie nicht, damit mein Volk nicht vergesse. /
   In deiner Macht treibe sie um,*
   stürze sie, Herr, unser Schild!

13 Sünde ist, was sie sagen, das Wort ihrer Lippen.*
   Sie verfangen sich in ihrem Hochmut.

   Wegen des Fluchs und der Lüge, die sie verbreiten, /
14 mach ein Ende im Zorn, mach ein Ende,*
   daß es mit ihnen aus ist!

   Sie sollen wissen, daß es Gott ist, der herrscht*
   von Jakob aus bis an die Enden der Erde.

15 Abend für Abend kehren sie wieder,*
   sie heulen wie Hunde und umkreisen die Stadt.

16 Sie treiben sich herum auf der Suche nach Fraß;*
   werden sie nicht satt, dann knurren sie.

17 Ich aber will deine Stärke besingen,*
   am Morgen will ich jubeln über deine Liebe.

Denn du wurdest mir eine Burg,*
eine Zuflucht am Tag meiner Drangsal.

18 Meine Stärke, dir will ich singen und spielen, /
denn Gott ist meine Burg,*
er, der Gott meiner Liebe.

60

DEM MUSIKMEISTER. AUF »LOTOSBLÜTE«. EIN ZEUGNIS.
EIN DAVIDS-MIKTAM. ZUM LEHREN.
2 ALS ER KRIEG FÜHRTE MIT ARAM NAHARAJIM UND
MIT ARAM ZOBA UND JOAB ZURÜCKKEHRTE UND EDOM
IM SALZTAL SCHLUG, ZWÖLFTAUSEND.

3 Gott, du hast uns verworfen, zerschlagen. /
Du hast uns gezürnt.*
Stelle uns wieder her!

4 Du hast das Land erschüttert und es gespalten.*
Heile seine Risse, denn es wankt!

5 Hartes ließest du dein Volk erfahren,*
hast uns getränkt mit betäubendem Wein.

6 Denen, die dich fürchten, stelltest du ein Zeichen auf,*
zu dem sie fliehen können vor dem Bogen.

7 Damit gerettet werden, die dir lieb sind,*
schaff Heil mit deiner Rechten und gib uns Antwort!

8 Gott hat in seinem Heiligtum gesprochen: /
»Ich will triumphieren, will Sichem verteilen*
und das Tal von Sukkot vermessen.

9 Mein ist Gilead, mein auch Manasse, /
Efraim ist der Helm meines Hauptes,*
Juda ist mein Zepter.

10 Mein Waschbecken aber ist Moab! /
   Auf Edom werf ich meinen Schuh!*
   Philisterland, jauchze mir entgegen!«

11 Wer bringt mich zu der befestigten Stadt?*
   Wer führte mich nach Edom?

12 Wer, wenn nicht du, der Gott, der uns verworfen hat,*
   der Gott, der nicht mehr auszieht mit unseren Heeren?

13 Bring uns doch Hilfe gegen den Feind!*
   Denn ein Wahn ist Heil, das durch Menschen kommt.

14 Mit Gott werden wir Heldentaten vollbringen:*
   Er selbst wird unsre Feinde zertreten.

61

DEM MUSIKMEISTER. ZU SAITENSPIEL.
EIN DAVIDSLIED.

2 Höre doch, Gott, mein Schreien,*
merke auf mein Beten!

3 Vom Ende der Erde ruf ich zu dir /
mit verzagendem Herzen.*
Führe mich auf den Felsen, der mir zu hoch ist!

4 Denn du bist meine Zuflucht,*
ein fester Turm vor dem Feinde.

5 In deinem Zelt möchte ich Gast sein auf ewig,*
im Schutz deiner Flügel mich bergen.

6 Denn du, o Gott, hast meine Gelübde gehört,*
gabst mir das Erbe derer, die deinen Namen fürchten.

7 Den Tagen des Königs füge noch viele hinzu!*
Seine Jahre mögen währen durch alle Geschlechter!

8 Er throne ewig vor Gottes Angesicht!*
Gebiete Huld und Treue, ihn zu behüten!

9 Dann will ich allzeit deinem Namen spielen,*
um meine Gelübde Tag für Tag zu erfüllen.

62

DEM MUSIKMEISTER. AUF »JEDUTUN«.
EIN DAVIDSPSALM.

2 Nur zu Gott hin wird meine Seele still,*
von ihm allein kommt mir Hilfe.

3 Nur er ist mein Fels und meine Hilfe,*
meine Burg, – ich werde nicht wanken.

4 Wie lange berennt ihr alle den einen, /
ihn zu fällen wie eine schwankende Wand,*
wie eine Mauer, die einstürzt?

5 Ja, von seiner Höhe wollen sie ihn stoßen,*
sie haben Gefallen am Lügen.

Sie segnen mit ihrem Mund,*
im Herzen aber fluchen sie.

6 Nur zu Gott hin werde still, meine Seele,*
denn von ihm kommt mir Hoffnung.

7 Nur er ist mein Fels und meine Hilfe,*
meine Burg, – ich werde nicht wanken.

8 Auf Gott ruht mein Heil und meine Ehre,*
Gott ist mein schützender Fels, meine Zuflucht.

9 Vertraue ihm, o Volk, zu jeder Zeit! /
Schüttet vor ihm euer Herz aus!*
Denn Gott ist unsere Zuflucht.

10 Nur ein Hauch sind die Menschen,*
nur Trug sind die Mächtigen.

Sie schnellen empor auf der Waage,*
leichter als ein Hauch sind sie alle.

11 Vertraut nicht auf Gewalt, /
und setzt nicht leere Hoffnung auf Raub!*
Wenn der Reichtum wächst, so hängt nicht
 euer Herz daran.

12 Eines hat Gott gesagt,
 – zwei Dinge habe ich gehört: /
Die Macht ist bei Gott
13 und bei dir, Herr, die Liebe,*
denn du wirst jedem nach seinem Tun vergelten.

63

Ein Davidspsalm. Als er in der Wüste Juda war.

2 Gott, du mein Gott, dich suche ich,*
nach dir dürstet meine Seele.

Nach dir schmachtet mein Leib*
wie dürres, lechzendes Land ohne Wasser.

3 So schaue ich dich im Heiligtum*
und sehe deine Macht und deine Herrlichkeit.

4 Ja, deine Liebe ist besser als das Leben.*
Meine Lippen sollen dich rühmen!

5 So will ich dich preisen mein Leben lang,*
in deinem Namen meine Hände erheben.

6 Wie an Fett und Mark wird satt meine Seele.*
Mein Mund singe Lob mit jubelnden Lippen!

7 Wenn ich an dich denke auf meinem Lager,*
sag ich von dir in nächtlichem Wachen:

8 »Du wurdest meine Hilfe,*
im Schatten deiner Flügel darf ich jubeln;

9 an dir hängt meine Seele,*
mich hält deine Rechte.«

10 Die mir nachstellen, um mich zu verderben,*
sie müssen hinab in die Tiefen der Erde.

11 Der Gewalt des Schwertes gibt man sie preis,*
   den Schakalen werden sie zur Beute.

12 Der König aber freue sich an Gott! /
   Wer bei ihm schwört, darf sich rühmen.*
   Doch allen Lügnern wird der Mund geschlossen.

64

DEM MUSIKMEISTER. EIN DAVIDSPSALM.

2 Höre, o Gott, mein lautes Klagen,*
vor dem Schrecken des Feindes schütze mein Leben!

3 Birg mich vor der Rotte der Bösen,*
vor dem Toben derer, die Unrecht tun,

4 die ihre Zunge schärfen wie ein Schwert,*
die giftige Worte schießen wie Pfeile,

5 um den Schuldlosen vom Versteck aus zu treffen,*
ohne Scheu jählings auf ihn zu schießen.

6 Fest entschlossen sind sie zum Bösen, /
sie planen heimliche Fallen.*
Sie sagen: »Wer kann sie entdecken!«

7 Bosheit denken sie aus: /
»Wir haben's geschafft! – Ein klug ersonnener Plan!«*
Des Menschen Sinn und Herz – welch ein Abgrund!

8 Gott aber trifft sie mit seinen Pfeilen,*
plötzlich sind sie mit Wunden geschlagen.

9 Ihre eigene Zunge bringt sie zu Fall.*
Den Kopf schütteln alle, die es sehen.

10 Da fürchten sich alle Menschen,*
künden Gottes Werk und bedenken sein Walten.

11 Der Gerechte freut sich des HERRN, /
und sucht bei ihm Zuflucht.*
Alle, die redlichen Herzens sind, dürfen sich rühmen.

65

DEM MUSIKMEISTER. EIN DAVIDSPSALM.
EIN GESANG.

2 Dir gebührt Lobgesang,*
du Gott auf dem Zion.

Dir erfüllt man Gelübde, -*
3 du erhörst die Gebete.

Zu dir kommt alles Fleisch,*
4 die Schuld zu bekennen.

Zu schwer für mich sind unsre Frevel,*
nur du kannst sie vergeben.

5 Selig, den du erwählst und dir nahen läßt:*
in deinen Höfen darf er wohnen.

Wir wollen uns sättigen am Gut deines Hauses,*
am Gut deines heiligen Tempels.

6 Mit staunenswerten Taten
    gibst du uns Antwort in Treue,*
du Gott unsres Heiles,

du Zuversicht aller Enden der Erde*
und der fernsten Gestade,

7 der die Berge festigt in seiner Kraft,*
der sich gürtet mit Stärke,

8 der das Brausen der Meere stillt,*
das Brausen ihrer Wogen, das Tosen der Völker.

9 Es erschauern vor deinen Zeichen,/
die da wohnen an den Enden der Erde.*
Des Morgens und des Abends Tore machst du jauchzen.

10 Du sorgst für das Land und tränkst es,*
du überschüttest es mit Reichtum.

Der Gottesbach hat Wasser in Fülle.*
Gedeihen läßt du das Getreide.

Ja, so läßt du gedeihen:*
11 du wässerst die Furchen, du ebnest die Schollen,

du machst sie weich durch Regen,*
du segnest ihre sprossenden Saaten.

12 Du krönst das Jahr mit deiner Güte,*
von Fett triefen deine Spuren,

13 es triefen die Weiden der Steppe,*
mit Jubel gürten sich die Höhen.

14 Die Anger bekleiden sich mit Schafen,/
die Täler hüllen sich in Korn.*
Sie jauchzen, ja, sie singen.

66

DEM MUSIKMEISTER. EIN GESANG. EIN PSALM.

Jauchzet Gott zu, alle Lande, /
2 spielt zum Ruhm seines Namens,*
verherrlicht ihn mit Lobpreis!

3 Saget zu Gott: /
»Wie furchtgebietend bist du in deinen Werken!*
Ob deiner gewaltigen Macht schmeicheln dir deine Feinde.

4 Die ganze Erde betet dich an und singt dir,*
sie singt deinem Namen!«

5 Kommt und schaut die Taten Gottes!*
Furchtgebietend ist er in seinem Tun an den Menschen.

6 Er machte das Meer zu trockenem Land, /
sie zogen zu Fuß durch den Strom.*
Dort waren wir über ihn voll Freude.

7 In seiner Kraft ist er Herrscher auf ewig, /
seine Augen wachen über die Völker,*
damit kein Empörer sich gegen ihn auflehnt.

8 Ihr Völker, preist unsern Gott,*
laßt laut seinen Lobpreis erschallen.

9 Er erhielt uns am Leben,*
ließ unsern Fuß nicht wanken:

10 O Gott, du hast uns geprüft,*
   hast uns geläutert, wie man Silber läutert,

11 du brachtest uns in ein Fangnetz,*
   legtest uns drückende Last auf den Rücken,

12 du ließest Menschen treten auf unser Haupt, /
   wir gingen durch Feuer und Wasser.*
   Aber du hast uns herausgeführt, hin zur Fülle.

13 Nun komme ich mit Opfern in dein Haus,*
   erfülle dir meine Gelübde,

14 was meine Lippen dir versprachen,*
   was in der Not mein Mund gelobte:

15 Fette Schafe bringe ich dir als Brandopfer dar /
   zusammen mit dem Rauch von Widdern,*
   ich bereite dir Rinder und Böcke.

16 Die ihr Gott fürchtet, kommt alle und hört,*
   ich will erzählen, was er mir getan hat:

17 Mit meinem Mund habe ich zu ihm gerufen,*
   da lag mir schon der Lobpreis auf der Zunge.

18 Hätt' ich es abgesehn auf Böses,*
   würde der Herr nicht hören.

19 Aber Gott hat gehört,*
   er hat geachtet auf mein lautes Beten.

20 Gepriesen sei Gott! /
Denn er wies mein Gebet nicht zurück,*
er hat mir seine Liebe nicht entzogen.

67

DEM MUSIKMEISTER. MIT SAITENSPIEL.
EIN PSALM. EIN GESANG.

2 Gott sei uns gnädig und segne uns!*
  Er lasse sein Angesicht über uns leuchten,

3 daß man auf Erden seinen Weg erkenne,*
  sein Heil unter allen Völkern.

4 Die Völker sollen dir danken, o Gott,*
  danken sollen dir die Völker alle!

5 Die Nationen sollen sich freuen und jubeln! /
  Denn du richtest die Völker nach Recht*
  und lenkst die Nationen auf Erden.

6 Die Völker sollen dir danken, o Gott,*
  danken sollen dir die Völker alle!

7 Das Land gab seinen Ertrag.*
  Es segne uns Gott, unser Gott!

8 Es segne uns Gott!*
  Alle Enden der Erde sollen ihn fürchten!

68

Dem Musikmeister. Ein Davidslied.
Ein Psalm. Ein Gesang.

2 Gott steht auf – seine Feinde zerstieben,*
  die ihn hassen, fliehn vor seinem Angesicht.

3 Wie Rauch verweht vor dem Wind, /
  wie Wachs vor dem Feuer zerfließt,*
  so vergehen vor Gottes Antlitz die Frevler.

4 Die Gerechten aber freuen sich,*
  sie jubeln vor Gott und frohlocken in Freude.

5 Singet Gott! Spielt seinem Namen!*
  Erhebt ihn, der auf Wolken einherfährt!

  »›Herr‹ ist sein Name.«*
  Jubelt vor seinem Angesicht!

6 Ein Vater der Waisen, ein Anwalt der Witwen:*
  Gott in seiner heiligen Wohnung!

7 Gott bringt Verlassene heim, /
  Gefesselte führt er hinaus ins Gedeihn;*
  Empörer jedoch müssen wohnen in der Dürre.

8 Gott, als du auszogst, deinem Volk voran, /
  als du die Wüste durchschrittest,*
9 da bebte die Erde.

  Es troffen die Himmel vor Gott, dem Gott des Sinai,*
  vor Gott, dem Gotte Israels.

10 Einen Regen von Gaben, o Gott, gießt du aus,*
   du selbst erquickst dein verschmachtendes Erbe.

11 Dein Getier läßt sich bei ihm nieder,*
   so versorgst du, o Gott, in deiner Güte den Armen.

12 Der HERR läßt einen Spruch ergehn – /
   groß ist der Freudenbotinnen Schar:*
13 »Die Heereskönige fliehen, sie fliehen.

   Die Schöne des Hauses darf die Beute verteilen*
14 – und ihr bleibt liegen zwischen den Hürden?!

   Flügel der Taube, überzogen mit Silber,*
   ihre Schwingen, schimmernd von Feingold ...

15 Wenn der Allmächtige dort Könige zersprengt,*
   fällt Schnee auf dem Zalmon!«

16 Ein Berg Gottes ist der Baschanberg,*
   ein Berg vieler Gipfel ist der Baschanberg.

17 Was blickt ihr voll Neid, ihr Berge, ihr Gipfel, /
   auf den Berg, den Gott als seinen Wohnsitz begehrte?*
   Der HERR wird dort wohnen für immer!

18 Die Wagen Gottes sind zahllos, /
   Zehntausende von Tausendschaften voller Erhabenheit,*
   mit ihnen zieht der Herr vom Sinai zum Heiligtum.

19 Hinaufgezogen bist du zur Höhe,*
   hast Gefangene mitgeführt:

als Gabe nahmst du dir Menschen, sogar Empörer, *
HERR, Gott, um dort zu wohnen.

20 Gepriesen sei der Herr, Tag für Tag!*
Gott trägt uns, er ist unsere Hilfe.

21 Gott ist für uns ein Gott, der Rettung bringt,*
ER, der Herr, führt heraus aus dem Tode.

22 Gott zerschmettert das Haupt seiner Feinde,*
den Scheitel dessen, der in Schuld dahinlebt.

23 Der Herr hat gesprochen: /
»Vom Baschan bring ich zurück,*
ich bringe zurück aus den Tiefen des Meeres,

24 so daß du die Füße badest im Blut,*
und die Zunge deiner Hunde ihren Teil hat an den Feinden.«

25 O Gott, man schaute deinen Einzug,*
den Einzug meines Gottes und Königs ins Heiligtum:

26 Voraus die Sänger, die Saitenspieler danach,*
dazwischen Mädchen mit kleinen Pauken.

27 »Preist Gott in der Gemeinde,*
preiset den HERRN, die ihr von Israels Quell seid!«

28 Da ist Benjamin, der Jüngste, der sie befehligt, /
die Fürsten von Juda in ihrer tosenden Menge,*
Sebulons Fürsten, die Fürsten von Naftali.

29 Dein Gott will, daß du mächtig bist.*
   Bekräftige, o Gott, was du für uns getan hast,

30 von deinem Tempel aus, hoch über Jerusalem,*
   wo dir die Könige Tribut entrichten.

31 Dräue dem Untier im Schilf, /
   der Rotte von Büffeln, den jungen Stieren der Völker!*
   Die nach Silber gieren, tritt sie nieder!

   Die Völker, die auf Krieg aus sind, hat er zerstreut: /
32 man kommt mit Geräten von Erz aus Ägypten,*
   Kusch hebt eilends Gott seine Hände entgegen.

32 Singet Gott, spielet dem Herrn,*
   ihr Königreiche der Erde,

34 ihm, der daherfährt über den Himmel, den uralten Himmel,*
   der seine Stimme erhebt, seine machtvolle Stimme!

35 Gebt Gott die Macht! /
   Über Israel waltet seine Hoheit,*
   seine Macht bis zu den Wolken.

36 Furchtbar bist du in deinem Heiligtum,*
   Gott, du Gott Israels!

   Gepriesen sei Gott!*
   Dem Volk verleiht er Macht und Stärke.

69

DEM MUSIKMEISTER. AUF »LOTOSBLÜTEN«.
EIN DAVIDSLIED.

2 Rette mich, o Gott!*
Das Wasser geht mir bis an die Kehle.

3 Ich versinke im Schlamm des Abgrunds,*
es gibt keinen Halt mehr.

Ich bin in Wassertiefen geraten,*
die Flut schlägt über mir zusammen.

4 Erschöpft bin ich vom Rufen,*
es brennt mir die Kehle.

Meine Augen ermatten,*
so lange schon harre ich meines Gottes.

5 Zahlreicher als auf meinem Haupt die Haare*
sind jene, die mich grundlos hassen.

Zahllos sind meine Verderber, meine verlogenen
    Feinde.*
Was ich nicht raubte, wie soll ich's erstatten?

6 Du, o Gott, kennst meine Torheit,*
meine Vergehen sind dir nicht verborgen.

7 Nicht sollen zuschanden werden durch mich,*
die auf dich hoffen, Herr, du HERR der Scharen!

Nicht beschämt werden sollen durch mich,*
die dich suchen, Gott Israels!

8 Deinetwegen trage ich Schmach,*
bedeckt Schande mein Antlitz.

9 Fremd geworden bin ich meinen Brüdern,*
ein Unbekannter den Söhnen meiner Mutter.

10 Denn der Eifer für dein Haus hat mich verzehrt,*
mich hat das Schmähen derer, die dich schmähen, getroffen.

11 Ich habe geweint und gefastet*
– es brachte mir nur Schmähung ein.

12 Ich legte einen Sack als Bußkleid an*
– und wurde ihnen zum Sprichwort.

13 Die im Tore sitzen, hecheln mich durch,*
den Trunkenbolden wurde ich zum Spottlied.

14 Ich aber, ich bete zu dir,*
HERR, zur Zeit der Gnade:

O Gott, erhöre mich in deiner großen Huld,*
kraft deiner rettenden Treue.

15 Entreiß mich dem Sumpf, damit ich nicht versinke,*
damit ich meinen Hassern entkomme, den Tiefen des Wassers,

16 damit die Wasserflut nicht über mir zusammenschlägt, /
der Abgrund mich nicht verschlingt,*
damit nicht der Schacht über mir seinen Schlund schließt!

17 Erhöre mich, HERR, denn gütig ist deine Huld,*
   wende dich mir zu in deinem großen Erbarmen!

18 Verbirg dein Antlitz nicht vor deinem Knecht,*
   denn mir ist angst; eile, erhöre mich.

19 Nahe dich mir und löse mich aus,*
   meiner Feinde wegen erlöse mich!

20 Du weißt ja, wie man mich schmäht,*
   all meine Widersacher sind dir vor Augen.

21 Die Schmähung brach mir das Herz,*
   ich bin krank vor Schmach und Schande.

   Ich hoffte auf Mitleid – doch vergebens,*
   auf Tröster – doch fand ich keinen.

22 Als Speise gaben sie mir Gift,*
   tränkten mich in meinem Durst mit Essig.

23 Es werde ihr Tisch vor ihnen zur Falle,*
   ihren Freunden zum Fangstrick!

24 Ihr Auge soll sich verfinstern, so daß sie nicht sehn,*
   mach ihre Hüften wanken für immer!

25 Schütte über sie deinen Grimm aus,*
   die Glut deines Zorns soll sie erreichen!

26 Es werde ihre Lagerstatt zur Öde,*
   in ihren Zelten soll niemand mehr wohnen!

27 Denn sie verfolgen, den du selber geschlagen,*
   sie mehren den Schmerz deiner Durchbohrten.

28 Füge Schuld zu ihrer Schuld hinzu,*
   sie sollen nicht zu deinem Heil gelangen.

29 Sie seien gelöscht aus dem Buch des Lebens*
   und nicht verzeichnet bei den Gerechten!

30 Mich aber, elend und voller Schmerzen,*
   mich wird, o Gott, deine Hilfe erhöhen.

31 Ich will im Lied den Namen Gottes preisen,*
   danksagend seine Größe mehren.

32 Das gefällt dem HERRN mehr als ein Stier,*
   mehr als ein Ochse mit Hörnern und Klauen.

33 Die Gebeugten sahen es und freuen sich.*
   Ihr, die ihr Gott sucht, euer Herz soll leben!

34 Denn der HERR hört auf die Armen:*
   seine Gefesselten hat er nicht verachtet.

35 Himmel und Erde sollen ihn preisen,*
   das Meer und was darin wimmelt.

36 Denn Gott wird Zion retten,*
   wird Judas Städte wieder aufbaun.

   Man wird dort wohnen und das Land besitzen, /
37 die Nachkommen seiner Knechte werden es erben,*
   es werden Heimat darin haben, die seinen Namen
       lieben.

70

DEM MUSIKMEISTER. EIN DAVIDSLIED.
ZUM GEDENKOPFER.

2 O Gott, reiß mich heraus,*
HERR, eile zu Hilfe!

3 In Schmach und Schande sollen fallen,*
die mir nach dem Leben trachten!

Zurückweichen sollen und vor Scham erröten,*
die sich an meinem Unglück freuen.

4 Ablassen sollen wegen ihrer Beschämung,*
die sagen: »Recht ist es, recht so!«

5 Frohlocken sollen und deiner sich freuen*
alle, die dich suchen.

»Groß ist Gott!«, sollen immerdar rufen,*
die deine rettende Stärke lieben.

6 Ich bin arm und elend.*
O Gott, eile zu mir!

Meine Hilfe und mein Befreier bist du,*
HERR, o säume nicht!

71

1 Bei dir, o HERR, suche ich Zuflucht,*
 laß mich nicht zuschanden werden in Ewigkeit!

2 In deiner Gerechtigkeit reiß mich heraus
  und befreie mich,*
 neige dein Ohr mir zu und rette mich.

3 Sei mir ein bergender Felsen,*
 zu dem ich allzeit kommen darf.

 Du hast entschieden, mich zu retten,*
 du bist ja mein Fels und meine Feste.

4 Mein Gott, befreie mich aus der Hand des Frevlers,*
 aus der Faust des Schurken und Bedrückers!

5 Du bist ja meine Hoffnung, o Herr,*
 HERR, meine Zuversicht von Jugend auf.

6 Vom Mutterschoß an stütz ich mich auf dich, /
 vom Mutterleibe an bist du mein Helfer.*
 Allezeit gilt dir mein Lobpreis.

7 Für viele ward ich zum Zeichen,*
 denn du bist meine starke Zuflucht.

8 Mein Mund ist erfüllt von deinem Lobpreis,*
 den ganzen Tag ist er voll deines Ruhmes.

9 Verwirf mich nicht im Alter,*
 verlaß mich nicht, wenn meine Kräfte schwinden!

10 Denn meine Feinde reden gegen mich,*
   die mich belauern, beraten sich gemeinsam,

11 sie sagen: »Gott hat ihn verlassen! /
   Verfolgt und ergreift ihn!*
   Es gibt für ihn keinen Retter.«

12 O Gott, bleib doch nicht fern von mir!*
   Mein Gott, eile mir zu Hilfe!

13 Es sollen in Schande vergehen*
   alle, die mich befehden!

   In Schmach und Schimpf sollen sich kleiden,*
   die mein Unglück suchen!

14 Doch ich, ich will allezeit hoffen,*
   all deinen Lobpreis noch mehren.

15 Mein Mund soll erzählen von deiner Gerechtigkeit, /
   den ganzen Tag von deiner rettenden Hilfe.*
   Ich kann sie nicht ermessen.

16 Ich komme, die machtvollen Taten des Herrn zu preisen,*
   an deine Gerechtigkeit allein, o HERR, will ich erinnern.

17 O Gott, du hast mich gelehrt von Jugend auf,*
   und bis heute darf ich von deinen Wundern künden.

18 Auch wenn ich alt und grau bin,*
   o Gott, verlaß mich nicht,

damit ich diesem Geschlecht künde von deinem Arm, /
allen kommenden von deiner Großtat,*
19 von deiner Gerechtigkeit, o Gott, die bis zum Himmel
   reicht.

Der du Großes vollbracht hast,*
wer ist wie du, o Gott?

20 Viel Not und Unheil ließest du mich schauen. /
Du wirst mich neu beleben,*
du führst mich wieder herauf aus den Tiefen der Erde!

21 Bring mich wieder zu Ehre und Ansehn!*
Wende dich her und tröste mich.

22 Dann will auch ich dir danken mit Saitenspiel*
und deine Treue preisen,

mein Gott, du Heiliger Israels,*
auf der Harfe will ich dir spielen.

23 Ja, ich will dir singen und spielen, /
jubeln sollen meine Lippen*
und meine Seele, die du erlöst hast.

24 Den ganzen Tag soll meine Zunge von deiner
     Gerechtigkeit murmeln:*
  sind doch zuschanden und beschämt,
     die mein Unglück suchten.

72

Ein Salomolied.

Dein Richteramt, o Gott, verleih dem König,*
dem Königssohn gib dein gerechtes Walten!

2 Er regiere dein Volk in Gerechtigkeit*
und deine Armen durch rechtes Urteil.

3 Dann tragen die Berge Frieden dem Volk*
und die Höhen Gerechtigkeit.

4 Er schaffe Recht den Elenden im Volk, /
er rette die Kinder des Armen,*
den Bedrücker zerschlage er.

5 Er möge lange leben gleich der Sonne,*
wie der Mond, durch alle Geschlechter.

6 Er ströme wie Regen herab auf die Felder,*
wie Regenschauer, welche die Erde benetzen.

7 In seinen Tagen blühe Gerechtigkeit*
und Fülle des Friedens, bis der Mond nicht mehr da ist.

8 Von Meer zu Meer möge er herrschen,*
vom Strom bis an die Enden der Erde.

9 Vor ihm beugen sich die Bewohner der Wüste,*
Staub werden lecken seine Feinde.

10 Die Könige von Tarschisch und von den Inseln
     bringen Geschenke,*
   die Könige von Saba und Seba nahen mit Gaben.

11 Alle Könige werden ihm huldigen,*
   alle Völker ihm dienen.

12 Denn er befreit den Armen, der um Hilfe schreit,*
   den Elenden und den, der keinen Helfer hat.

13 Er erbarmt sich des Geringen und Armen,*
   das Leben der Armen rettet er.

14 Aus Bedrückung und Gewalt erlöst er ihr Leben,*
   ihr Blut ist in seinen Augen kostbar.

15 Er lebe! – Gold von Saba soll man ihm geben! /
   Man soll für ihn allezeit beten,*
   jeden Tag ihm Segen erflehen:

16 »Im Land gebe es Korn in Fülle. /
   Es rausche auf den Höhen der Berge wie der Libanon.*
   Seine Frucht erblühe aus der Stadt wie das Gras
     der Erde.

17 Sein Name soll ewig bestehen,*
   solange die Sonne bleibt, sprosse sein Name.

   Mit ihm soll man sich segnen,*
   ihn sollen selig preisen alle Völker!«

18 Gepriesen sei der HERR, Israels Gott!*
   Er allein tut Wunder.

19 Gepriesen sei sein herrlicher Name in Ewigkeit! /
   Die ganze Erde sei erfüllt von seiner Herrlichkeit!*
   Amen, ja amen!

73

Ein Asafpsalm.

Wahrlich, Gott ist gut für Israel,*
für jene, die lauteren Herzens sind.

2 Ich aber – fast wären meine Füße gestrauchelt,*
ums Haar wären ausgeglitten meine Schritte.

3 Denn ich habe mich über die Prahler ereifert,*
da ich das Glück der Frevler sah:

4 Sie haben keine Qualen,*
ihr Leib ist gesund und wohlgenährt.

5 Sie kennen nicht die Mühsal der Sterblichen,*
sind nicht geplagt wie andere Menschen.

6 Darum ist Hoffart ihr Halsschmuck,*
wie ein Gewand umhüllt sie Gewalttat.

7 Aus üppigem Fett blickt ihr Auge,*
ihr Herz läuft über von eitlen Gebilden.

8 Sie höhnen und reden voll Bosheit,*
von oben herab reden sie Unterdrückung.

9 Sie reißen das Maul auf bis zum Himmel*
ihre Zunge ergeht sich auf der Erde.

10 Darum kehrt sich sein Volk ihnen zu*
und schlürft von ihnen Wasser in Fülle.

11 Sie sprechen ja: »Wie sollte Gott davon wissen?*
   Gibt es denn ein Wissen beim Höchsten?«

12 Siehe, so sind die Frevler:*
   Immer sorglos im Glück, häufen sie Reichtum auf Reichtum.

13 Wahrlich, umsonst bewahrte ich lauter mein Herz*
   und wusch meine Hände in Unschuld.

14 Ich wurde ja alle Tage geplagt*
   und jeden Morgen von neuem gezüchtigt.

15 Hätte ich nun gesagt: »Ich will reden wie sie«,*
   siehe, ich hätte das Geschlecht deiner Kinder verraten.

16 Da dachte ich nach, um das zu begreifen,*
   – eine Qual war es in meinen Augen,

17 bis ich eintrat ins Heiligtum Gottes*
   und inne wurde, wie es mit ihnen ausgeht:

18 Wahrlich, du stellst sie auf schlüpfrigen Grund,*
   in Trug und Täuschung läßt du sie fallen.

19 Wie werden sie im Nu zum Entsetzen,*
   sind dahingerafft, nehmen ein Ende mit Schrecken!

20 Wie einen Traum beim Erwachen*
   verachtest du ihr Schattengebilde, Herr,
      wenn du aufstehst.

21 Als sich mein Herz verbitterte,*
   und Schmerz in meinen Nieren bohrte,

22 da war ich töricht und ohne Verstand,*
   war wie ein dummes Tier – und war doch bei dir.

23 Ja, bei dir bin ich schon immer:*
   du hast meine rechte Hand ergriffen.

24 Du leitest mich nach deinem Ratschluß,*
   hernach nimmst du mich auf in Herrlichkeit.

25 Wen sonst hab ich im Himmel?*
   Bin ich bei dir, habe ich keine Lust an der Erde.

26 Mag Fleisch und Herz mir vergehen,*
   Gott bleibt der Fels meines Herzens, mein Anteil
     auf ewig.

27 Doch siehe, wer dir fern bleibt, geht zugrunde,*
   jeden, der dich treulos verläßt, bringst du zum
     Schweigen.

28 Ich aber – Gott nahe zu sein, ist für mich gut. /
   Gott, den HERRN, machte ich zu meiner Zuflucht.*
   Von allen deinen Werken will ich reden.

74

Ein Asaf-Maskil.

Warum, o Gott, hast du verstoßen für immer?*
Was raucht dein Zorn wider die Schafe deiner Weide?

2 Gedenke deiner Gemeinde, die du vorzeiten erworben!/
Du löstest einen Stamm aus, dir zum Eigentum,*
den Berg Zion, auf dem du Wohnung genommen.

3 Lenke deine Schritte zu den endlosen Trümmern!*
Alles hat der Feind verwüstet im Heiligtum.

4 Deine Widersacher lärmten im Innern der Stätte
    deiner Gegenwart,*
ihre Feldzeichen stellten sie als Zeichen auf.

5 Es hörte sich an, wie wenn man die Axt schwingt
    im Dickicht des Waldes:*
6 so zertrümmerten sie all das Schnitzwerk
    mit Beil und Hacke.

7 Sie legten Feuer an dein Heiligtum,*
bis auf den Grund entweihten sie die Wohnung
    deines Namens.

8 Sie sagten in ihrem Herzen: »Wir zerstören alles.«*
Sie verbrannten alle Stätten Gottes im Lande.

9 Unsere Zeichen sehen wir nimmer,/
es ist kein Prophet mehr da,*
und niemand ist bei uns, der weiß, wie lange noch.

10 Wie lange, o Gott, soll der Gegner noch höhnen,*
   darf der Feind deinen Namen lästern für immer?

11 Warum ziehst du deine Hand zurück?*
   Heraus aus dem Gewand mit deiner Rechten! –
     Mach doch ein Ende!

12 Gott ist mein König von alters her,*
   Taten des Heils vollbringt er auf Erden.

13 Du bist es, der in seiner Macht das Meer gespalten hat,*
   du hast die Häupter der Drachen über den Wassern
     zerschmettert.

14 Du bist es, der die Köpfe des Leviatan zermalmt hat,*
   du hast ihn den Ungeheuern der See zum Fraße
     gegeben.

15 Du bist es, der hervorbrechen ließ Quellen und Bäche,*
   du bist es, der austrocknen ließ nie versiegende Ströme.

16 Dein ist der Tag, dein auch die Nacht,*
   du bist es, der Mond und Sonne befestigt hat.

17 Du bist es, der alle Grenzen der Erde bestimmt hat,*
   Sommer und Winter – du bist es, der sie gebildet hat.

18 Bedenke, HERR, den Hohn des Feindes!*
   Ein törichtes Volk lästert deinen Namen.

19 Gib nicht dem Raubtier preis das Leben deiner Taube!*
   Deiner Elenden Leben vergiß nicht für immer!

20 Schau auf den Bund! /
   Denn voll sind die finstern Verließe des Landes,*
   die Stätten der Gewalttat.

21 Der Unterdrückte werde nicht länger geschmäht!*
   Der Elende und Arme soll deinen Namen preisen.

22 Erhebe dich, Gott, und führe deine Sache!*
   Bedenke, wie die Toren dich täglich verhöhnen!

23 Vergiß nicht das Geschrei deiner Gegner,*
   das Toben deiner Widersacher, das ständig emporsteigt!

75

DEM MUSIKMEISTER. »VERDIRB NICHT!«
EIN ASAFPSALM. EIN GESANG.

2 Wir preisen dich, Gott, wir preisen dich,*
nahe ist dein Name denen, die deine Wunder erzählen.

3 »Ja, zu der Zeit, die ich selbst bestimme,*
richte ich in Geradheit.

4 Mag wanken die Erde samt allen, die auf ihr wohnen;*
ich selber habe ihre Säulen fest gegründet.

5 Ich sage den Vermessenen: Seid nicht vermessen!,*
und den Frevlern: Erhebt nicht euer Haupt im Übermut!

6 Erhebt nicht so hoch euer Haupt,*
redet nicht mit frech erhobenem Halse!«

7 Denn nicht vom Aufgang noch vom Niedergang,*
nicht von der Wüste kommt Erhöhung.

8 Nein, es ist Gott, der richtet:*
diesen erniedrigt und jenen erhöht er.

9 Denn in der Hand des HERRN ist ein Becher,*
gefüllt mit gärendem und herbem Weine.

Er schenkt ein, bis zur Hefe müssen ihn leeren,*
trinken müssen ihn alle Frevler der Erde.

10 Ich aber werde verkünden für immer,*
   singen will ich vom Gotte Jakobs:

11 Den Trotz der Frevler werde ich brechen,*
   doch das Haupt des Gerechten wird erhoben.

76

Dem Musikmeister. Mit Saitenspiel.
Ein Asafpsalm. Ein Gesang.

2 Kundgetan hat sich Gott in Juda,*
in Israel ist groß sein Name.

3 Sein Zelt erstand in Salem,*
seine Wohnstatt auf dem Zion.

4 Dort zerbrach er die Blitze des Bogens,*
Schild und Schwert, die Waffen des Krieges.

5 Strahlend von Licht erscheinst du,*
herrlich über Bergen von Beute.

6 Ausgeplündert sind die tapferen Streiter, /
sie sanken hin im Schlafe.*
Allen Helden versagten die Hände.

7 Vor deinem Drohen, Gott Jakobs,*
erstarrten Rosse und Wagen.

8 Furchtbar bist du! /
Wer kann vor dir bestehen,*
vor der Gewalt deines Zornes?

9 Vom Himmel her ließest du dein Urteil vernehmen,*
die Erde erschrak und verstummte,

10 da Gott sich erhob zum Gericht,*
allen Armen auf der Erde zu helfen.

11 Ja, noch des Menschen Trotz muß dich preisen.*
   Du gürtest dich mit denen, die dem Grimm
       entronnen sind.

12 Macht Gelübde /
   und erfüllt sie dem HERRN, eurem Gott!*
   Ihr alle ringsum, bringt dem Furchtbaren Gaben!

13 Er dämpft den Hochmut der Fürsten,*
   furchtbar ist er für die Herrscher der Erde.

77

DEM MUSIKMEISTER. AUF »JEDUTUN«.
EIN ASAFLIED. EIN PSALM.

2 Ich rufe zu Gott, ich schreie,*
 ich rufe zu Gott, daß er mich höre.

3 Am Tag meiner Not suche ich den Herrn, /
 des Nachts ist meine Hand unermüdlich ausgestreckt,*
 meine Seele läßt sich nicht trösten.

4 Denk ich an Gott, muß ich seufzen,*
 sinne ich nach, so verzagt mein Geist.

5 Du hältst wach meine Augen.*
 Ich bin verstört und kann nicht reden.

6 Ich denke nach über die Tage von einst,*
 über urlängst vergangene Jahre.

7 Ich denke des Nachts an mein Saitenspiel, /
 ich sinne nach in meinem Herzen,*
 es grübelt mein Geist.

8 Wird der Herr denn auf ewig verstoßen*
 und niemals mehr erweisen seine Gunst?

9 Hat seine Liebe für immer ein Ende?*
 Ist es aus mit seinem Wort für alle Geschlechter?

10 Hat Gott vergessen, daß er gnädig ist?*
 Hat er im Zorn sein Erbarmen verschlossen?

11 Ich sage: »Das ist mein Schmerz,*
   daß so anders wurde das Handeln des Höchsten.«

12 Ich denke an die Taten des HERRN,*
   gedenken will ich deiner einstigen Wunder!

13 Ich erwäge all deine Werke,*
   und über deine Taten sinne ich nach.

14 O Gott, im Heiligen verläuft dein Weg.*
   Welche Gottheit ist so groß wie Gott?

15 Du bist die Gottheit, die Wunder tut,*
   unter den Völkern tatest du kund deine Macht.

16 Du hast mit deinem Arm dein Volk erlöst,*
   die Kinder Jakobs und Josefs.

17 Dich sahen die Wasser, o Gott, /
   dich sahen die Wasser und bebten;*
   selbst die Urtiefen tobten.

18 Es gossen Wasser die Wolken, /
   dröhnend erhob das Gewölk seine Stimme;*
   auch deine Pfeile schwirrten umher.

19 Dröhnend rollte dein Donner, /
   Blitze erhellten den Erdkreis,*
   die Erde wankte und schwankte.

20 Durch das Meer ging dein Weg, /
   dein Pfad durch gewaltige Wasser;*
   doch deine Spuren wurden nicht erkannt.

21 Du führtest dein Volk wie eine Herde*
   durch die Hand von Mose und Aaron.

78

Ein Asaf-Maskil.

Mein Volk, lausche meiner Weisung!*
Neigt euer Ohr den Worten meines Mundes!

2 Meinen Mund will ich öffnen zum Spruch,*
Rätsel der Vorzeit will ich künden.

3 Was wir gehört und erfahren,*
was uns die Väter erzählten,

4 das wollen wir vor ihren Kindern nicht verbergen,*
dem kommenden Geschlecht wollen wir's erzählen:

die Ruhmestaten des HERRN und seine Stärke,*
die Wunder, die er getan hat.

5 Er richtete ein Zeugnis auf in Jakob,*
Weisung gab er in Israel,

da er unseren Vätern gebot,*
all das bekannt zu machen ihren Kindern,

6 damit das kommende Geschlecht davon erfahre,*
die später geborenen Kinder.

Die wieder sollen aufstehn und es ihren Kindern erzählen,*
7 damit sie auf Gott ihr Vertrauen setzen:

sie sollen Gottes Taten nicht vergessen*
und seine Befehle halten.

8 Sie sollen nicht werden wie ihre Väter:*
ein Geschlecht voll Trotz und Empörung,

ein Geschlecht, dessen Herz nicht fest war,*
dessen Geist Gott nicht treu blieb.

9 Die Söhne Efraims, als Bogenschützen gerüstet,*
machten kehrt am Tage des Kampfes.

10 Sie achteten nicht auf Gottes Bund*
und weigerten sich, seiner Weisung zu folgen.

11 Sie vergaßen seine Taten,*
die Wunder, die er sie schauen ließ.

12 Vor ihren Vätern hatte er Wunder vollbracht*
im Land Ägypten, im Gefilde von Zoan.

13 Er spaltete das Meer und führte sie hindurch,*
wie einen Damm ließ er feststehn die Wasser.

14 Er leitete sie bei Tag in der Wolke,*
die ganze Nacht im Leuchten des Feuers.

15 Er spaltete Felsen in der Wüste*
und spendete Trank – reichlich wie Fluten.

16 Er ließ Bäche entspringen aus dem Gestein,*
ließ Wasser fließen gleich Strömen.

17 Sie aber fuhren fort, gegen ihn zu sündigen,*
im Ödland dem Höchsten zu trotzen.

18 In ihren Herzen versuchten sie Gott,*
   als sie Speise verlangten für ihren Hunger.

19 Sie redeten gegen Gott,*
   sie sagten: »Kann Gott uns denn den Tisch bereiten
     in der Wüste?

20 Den Felsen hat er zwar geschlagen,*
   und es flossen Wasser, es strömten Bäche!

   Kann er uns auch versorgen mit Brot*
   und Fleisch beschaffen seinem Volke?«

21 Das hörte der HERR und ergrimmte, /
   Feuer entbrannte wider Jakob,*
   Zorn stieg auf wider Israel,

22 weil sie Gott nicht glaubten*
   und seinem Heil nicht trauten.

23 Und er befahl den Wolken in der Höhe,*
   er öffnete die Tore des Himmels.

24 Manna ließ er auf sie regnen zur Speise*
   und gab ihnen Brot vom Himmel.

25 Jeder aß vom Brot der Starken;*
   er sandte Nahrung, sie zu sättigen.

26 Aufbrechen ließ er den Ostwind am Himmel,*
   und führte den Südwind herbei in seiner Stärke.

27 Er ließ Fleisch auf sie regnen wie Staub,*
   wie Sand am Meer gefiederte Vögel.

28 Er ließ sie fallen mitten ins Lager* /
und rings um seine Zelte.

29 Da aßen sie und wurden reichlich gesättigt.* /
Er hatte ihnen gebracht, was sie begehrten.

30 Doch ließen sie nicht ab von ihrem Begehren,* /
nicht einmal jetzt, als die Speise in ihrem Mund war.

31 Da stieg Gottes Zorn gegen sie auf, /
unter ihren Großen schlug er zu,* /
Israels junge Männer zwang er zu Boden.

32 Trotz alledem sündigten sie weiter* /
und glaubten nicht seinen Wundern.

33 Darum ließ er ihre Tage vergehen wie einen Hauch,* /
ihre Jahre in jähem Schrecken.

34 Wenn er zuschlug, fragten sie nach Gott* /
und suchten ihn von neuem.

35 Sie dachten daran, daß Gott ihr Fels ist,* /
daß Gott, der Höchste, ihr Erlöser ist.

36 Doch sie betörten ihn mit ihrem Mund,* /
belogen ihn mit ihrer Zunge.

37 Ihr Herz hielt nicht an ihm fest,* /
sie waren nicht treu seinem Bunde.

38 Doch er ist barmherzig,* /
er vergibt die Schuld und vernichtet nicht.

Immer wieder hält er seinen Zorn zurück*
und weckt nicht seinen ganzen Grimm auf.

39 Er dachte daran, daß sie Fleisch sind,*
nur ein Hauch, der vergeht und nicht wiederkehrt.

40 Wie oft haben sie ihm in der Wüste getrotzt,*
ihn gekränkt in der Steppe.

41 Immer von neuem versuchten sie Gott*
und betrübten den Heiligen Israels.

42 Sie dachten nicht mehr an seine Hand,*
an den Tag, an dem er sie vom Bedränger erlöste,

43 als er gegen Ägypten seine Zeichen tat,*
seine Wunder im Gefilde von Zoan:

44 Er verwandelte ihre Flüsse und Bäche in Blut,*
sie hatten nichts mehr zu trinken.

45 Er schickte Geziefer gegen sie aus, sie zu fressen,*
und Frösche, sie zu vernichten.

46 Er überließ den Grillen ihre Ernte,*
und Heuschrecken den Ertrag ihrer Mühen.

47 Er zerschlug mit Hagel ihre Reben,*
ihre Maulbeerbäume mit Schloßen.

48 Er gab ihr Vieh dem Hagel preis,*
ihre Herden den Blitzen.

49 Er schickte gegen sie die Glut seines Zorns, /
  Groll und Wut und Bedrängnis,*
  eine Schar von Boten des Unheils.

50 Er bahnte seinem Zorn einen Pfad, /
  er bewahrte sie nicht vor dem Tod*
  und gab ihr Leben der Pest preis.

51 Er schlug in Ägypten alle Erstgeburt,*
  in den Zelten Hams die Erstlinge ihrer Manneskraft.

52 Er ließ sein Volk aufbrechen wie Schafe*
  und führte sie durch die Wüste wie eine Herde.

53 Er hat sie sicher geleitet, sie mußten nichts fürchten,*
  während das Meer ihre Feinde bedeckte.

54 Er brachte sie in sein heiliges Gebiet,*
  zum Berg, den seine Rechte erworben.

55 Er vertrieb vor ihnen die Völker, /
  maß ihnen dort ihr Erbteil zu*
  und ließ in ihren Zelten die Stämme Israels wohnen.

56 Doch sie versuchten Gott und trotzten dem Höchsten,*
  sie achteten nicht auf seine Gebote.

57 Sie wurden abtrünnig und treulos wie ihre Väter*
  und versagten wie ein erschlaffter Bogen.

58 Sie erbitterten ihn mit ihrem Kult auf den Höhen*
  und reizten seine Eifersucht mit ihren Idolen.

59 Gott hörte es und ergrimmte,*
ganz und gar verwarf er Israel.

60 Seine Wohnung in Schilo gab er auf,*
das Zelt, wo er unter den Menschen wohnte.

61 Er gab seine Macht in Gefangenschaft,*
seine Pracht in die Hand des Bedrängers.

62 Er gab sein Volk dem Schwert preis,*
er ergrimmte über sein Erbe.

63 Die jungen Männer fraß das Feuer,*
den jungen Mädchen sang man kein Brautlied.

64 Die Priester fielen durch das Schwert,*
die Witwen durften nicht weinen.

65 Da erwachte der Herr wie aus dem Schlaf,*
wie ein Held, der vom Wein überwältigt war.

66 Er schlug seine Feinde am Rücken*
und hängte ihnen ewige Schmach an.

67 Das Zelt Josefs verwarf er,*
dem Stamm Efraim entzog er die Erwählung.

68 Doch den Stamm Juda erwählte er,*
den Berg Zion, den er lieb hat.

69 Hoch wie den Himmel baute er sein Heiligtum,*
fest wie die Erde, die er für ewig gegründet.

70 Und er erwählte David, seinen Knecht,*
   er nahm sich ihn von den Hürden der Schafe,

71 von den Muttertieren holte er ihn weg, /
   damit er Jakob weide, sein Volk,*
   und Israel, sein Erbe.

72 Und er weidete sie mit arglosem Herzen*
   und leitete sie mit klugen Händen.

79

Ein Asafpsalm.

O Gott, die Heiden sind eingedrungen in dein Erbe; /
sie haben deinen heiligen Tempel entweiht.*
Sie legten Jerusalem in Trümmer.

2 Die Leichen deiner Knechte
gaben sie zum Fraß den Vögeln des Himmels,*
das Fleisch deiner Frommen den Tieren der Erde.

3 Wie Wasser vergossen sie ihr Blut rings um Jerusalem;*
und keiner hat sie begraben.

4 Wir wurden für unsre Nachbarn zum Schimpf,*
zu Spott und Hohn für unsre Umgebung.

5 Wie lange noch, o Herr? /
Willst du für immer zürnen?*
Soll dein Eifer wie Feuer brennen?

6 Gieß deinen Zorn aus über die Heiden, die dich nicht
    kennen,*
über jedes Reich, das deinen Namen nicht anruft!

7 Denn sie haben Jakob gefressen*
und seine Wohnstatt verwüstet.

8 Rechne uns die Schuld von früher nicht an! /
Komm uns eilends zuvor mit deinem Erbarmen!*
Denn wir sind schwach und elend.

9 Um der Ehre deines Namens willen hilf uns, du Gott
   unsres Heils!*
   Reiß uns heraus! Getreu deinem Namen vergib uns
   die Sünden.

10 Warum sollen die Heiden sagen:*
   »Ihr Gott – wo ist er?«

   Unter den Heiden werde es kund vor unseren Augen:*
   Vergolten wird das vergossene Blut deiner Knechte.

11 Das Stöhnen des Gefangenen dringe zu dir!*
   Dein Arm ist groß: erhalte die Kinder des Todes
   am Leben!

12 Gib unsern Nachbarn siebenfach in ihren Schoß zurück*
   den Hohn, mit dem sie dich, o Herr, verhöhnten.

13 Wir aber, dein Volk, die Herde deiner Weide, /
   wir wollen dich preisen auf ewig,*
   Geschlecht um Geschlecht dein Lob verkünden.

80

DEM MUSIKMEISTER. ZU »LOTOSBLÜTEN«.
EIN ZEUGNIS. EIN ASAFLIED. EIN PSALM.

2 Höre, du Hirte Israels,*
de du Josef leitest gleich einer Herde.

Der du über den Kerubim thronst, erscheine*
3 vor Efraim, Benjamin und Manasse!

Erwecke deine Heldenkraft,*
und komm, uns zur Rettung.

4 Gott, richte uns wieder auf!*
Laß dein Angesicht leuchten, dann sind wir gerettet!

5 HERR, Gott der Scharen, /
wie lange noch raucht dein Zorn,*
während dein Volk zu dir betet?

6 Tränenbrot läßt du sie essen*
und tränkst sie scheffelweise mit Tränen.

7 Du machst uns zum Zankapfel für unsere Nachbarn,*
ihren Spott treiben unsere Feinde.

8 Gott der Scharen, richte uns wieder auf!*
Laß dein Angesicht leuchten, dann sind wir gerettet!

9 Einen Weinstock hobst du aus in Ägypten,*
hast Völker vertrieben und ihn eingepflanzt.

10 Du schufst ihm Raum,*
   er konnte Wurzeln schlagen und das Land überziehen.

11 Berge wurden bedeckt von seinem Schatten,*
   von seinen Zweigen die Zedern Gottes.

12 Er streckte seine Ranken bis zum Meer*
   und seine Schößlinge bis hin zum Strome.

13 Warum rissest du seine Mauern nieder,*
   daß alle, die des Weges kommen, ihn plündern?

14 Der Eber aus dem Wald wühlt ihn um,*
   es weiden ihn ab die Tiere des Feldes.

15 Gott der Scharen, kehre doch zurück, /
   blicke vom Himmel herab und schaue,*
   suche heim diesen Weinstock,

16 beschütze, was deine Rechte gepflanzt hat,*
   den Sprößling, den du dir großzogst.

17 Er liegt gefällt, vom Feuer verbrannt:*
   man vergeht vor deinem drohenden Antlitz.

18 Deine Hand sei über dem Mann deiner Rechten,*
   über dem Menschensohn, den du dir großzogst.

19 Dann werden wir nicht von dir weichen.*
   Du wirst uns beleben, und wir rufen deinen Namen aus.

20 HERR, Gott der Scharen, richte uns wieder auf!*
   Laß dein Angesicht leuchten, dann sind wir gerettet!

81

DEM MUSIKMEISTER. AUF DER GITTIT.
EIN ASAFLIED.

2 Jubelt Gott zu, der unsre Stärke ist,*
  jauchzt dem Gott Jakobs!

3 Hebt an zu singen, schlagt die Pauke,*
  die liebliche Leier samt der Harfe!

4 Am Neumond stoßt in die Posaune,*
  am Vollmond, zum Tag unsres Festes!

5 Denn das ist Satzung für Israel,*
  von Jakobs Gott ein Gebot.

6 Er hat es gesetzt als Bestimmung für Josef,*
  als er auszog gegen Ägypten.

Ich höre eine Stimme, die ich nicht kenne: /
7 »Seine Schulter hab ich befreit von der Bürde,*
  vom Lastkorb kamen frei seine Hände.

8 Du riefst mich in der Not, – ich habe dich gerettet, /
  gab Antwort dir aus dem Gewölk des Donners*
  und prüfte dich am Wasser von Meriba.

9 So höre doch, mein Volk, ich will dich mahnen!*
  Du Israel, merk doch auf meine Stimme!

10 Laß dich nicht ein mit einem andern Gott,*
   vor keinem fremden Gott sollst du beten!

11 Ich bin der HERR, dein Gott, /
der dich heraufgeführt hat aus Ägypten.*
Weit öffne deinen Mund, ich will ihn füllen!

12 Mein Volk hat nicht gehört auf meine Stimme,*
Israel hat mich nicht gewollt.

13 Da überließ ich sie dem Starrsinn ihres Herzens:*
Sollen sie gehn nach ihren eigenen Plänen!

14 O daß mein Volk doch auf mich hörte,*
daß Israel auf meinen Wegen ginge!

15 Schnell würde ich bezwingen seine Feinde*
und wider seine Gegner meine Hand erheben.

16 − Die den HERRN hassen, müßten ihm gefügig sein,*
und das wäre auf ewig ihr Los. −

17 Mit bestem Weizen würde ich es nähren.*
Ja, ich würde dich sättigen mit Honig aus dem Felsen.«

82

Ein Asafpsalm.

Gott steht auf in der Versammlung der Götter,*
inmitten der Götter hält er Gericht:

2 Wie lange noch wollt ihr ungerecht richten*
und die Frevler begünstigen?

3 Verschafft Recht dem Geringen und dem Verwaisten,*
verhelft dem Elenden und dem Bedürftigen zum Recht!

4 Befreit den Geringen und den Armen,*
entreißt sie der Hand der Frevler!

5 Sie erkennen nichts und verstehen nichts, /
sie tappen herum im Finstern.*
Alle Fundamente der Erde wanken.

6 Ich habe gesagt: Ihr seid Götter,*
Söhne des Höchsten seid ihr alle.

7 Doch fürwahr, ihr sollt sterben wie Menschen,*
wie einer der Fürsten sollt ihr stürzen.

8 Erhebe dich, Gott, und richte die Erde!*
Denn du sollst alle Völker zu eigen erhalten.

83

Ein Gesang. Ein Asafpsalm.

2 Gott, schweig doch nicht, bleibe nicht still,*
  o Gott, bleibe nicht stumm.

3 Denn siehe, deine Feinde toben,*
  die dich hassen, erhoben das Haupt.

4 Gegen dein Volk zetteln sie eine Verschwörung an,*
  gegen deine Schützlinge halten sie Rat.

5 Sie sagen: »Auf, wir wollen sie als Volk vernichten!*
  Israels Name werde nie mehr genannt!«

6 Ja, sie faßten eines Sinnes den Beschluß,*
  ein Bündnis gegen dich zu schließen:

7 die Zelte Edoms und die Ismaeliter,*
  Moab und die Hagariter,

8 Gebal, Ammon und Amalek,*
  das Philisterland samt den Bewohnern von Tyrus;

9 auch Assur schloß sich ihnen an*
  und wurde zum Arm der Söhne Lots.

10 Behandle sie wie Midian,*
   wie Sisera und Jabin am Bache Kischon.

11 Sie wurden vernichtet bei En-Dor,*
   wurden zum Dung für den Acker.

12 Verfahre mit ihren Fürsten wie mit Oreb und Seeb, /
wie mit Sebach und Zalmunna verfahre mit all
　　ihren Führern,*
13 die sagten: »Wir nehmen die Gefilde Gottes für uns
　　in Besitz!«

14 Mein Gott, mach sie zu wirbelndem Heu,*
zu Spreu vor dem Wind!

15 Wie Feuer, das den Wald in Brand setzt,*
wie die Lohe, die Berge verbrennt:

16 so jage sie davon mit deinem Sturm,*
so schrecke sie mit deinem Orkan!

17 Bedecke mit Schmach ihr Gesicht,*
damit sie deinen Namen suchen, o HERR!

18 Beschämt und verschreckt seien sie für immer,*
zuschanden sollen sie werden und zunichte,

19 sie sollen erkennen: ›HERR‹ ist dein Name;*
du allein bist der Höchste über der ganzen Erde.

84

Dem Musikmeister. Auf der Gittit.
Ein Lied der Söhne Korachs. Ein Psalm.

2 Wie liebenswert ist deine Wohnung,*
du Herr der Scharen!

3 Meine Seele verzehrt sich in Sehnsucht*
nach den Höfen des Herren.

Mein Herz und mein Fleisch,*
sie jauchzen hin zu Gott, dem Lebendigen.

4 Auch der Sperling findet ein Haus, /
ein Nest die Schwalbe,*
um ihre Jungen zu hegen bei deinen Altären.

Herr der Scharen, mein König und mein Gott: /
5 Selig, die in deinem Hause wohnen,*
sie dürfen allezeit dich preisen.

6 Selig die Menschen, denen Kraft kommt von dir,*
die sich zur Wallfahrt entschließen.

7 Wandern sie durchs Wüstental, /
so machen sie es zur Oase,*
und Frühregen hüllt es in Segen.

8 Sie schreiten fort von Kraft zu Kraft.*
Der Gott der Götter läßt sich schauen auf dem Zion.

9 HERR, Gott der Scharen, höre mein Beten,*
vernimm es, du Gott Jakobs.

10 O Gott, sieh her auf unseren Schild,*
und schau auf das Antlitz deines Gesalbten.

11 Ja, ein einziger Tag in deinen Höfen*
ist besser als tausend andere.

Das ziehe ich vor: /
an der Schwelle zu stehen im Haus meines Gottes,*
statt zu wohnen in den Zelten der Frevler.

12 Denn Sonne und Schild ist der HERR,*
Gott ist Gnade und Herrlichkeit.

Der HERR wird geben, /
er versagt kein Gut*
denen, die in Lauterkeit leben.

13 HERR der Scharen:*
Selig die Menschen, die auf dich vertrauen!

85

DEM MUSIKMEISTER.
EIN LIED DER SÖHNE KORACHS. EIN PSALM.

2 Einst hast du, HERR, dein Land begnadet,*
heimkehren ließest du die Gefangenen Jakobs.

3 Aufgehoben hast du die Schuld deines Volkes,*
hast zugedeckt all seine Sünden.

4 Zurückgezogen hast du all deinen Groll,*
hast dich abgekehrt von der Glut deines Zornes.

5 Kehre dich uns jetzt zu, du Gott unsres Heiles,*
und deinem Unmut gegen uns mach ein Ende.

6 Willst du uns denn ewig zürnen,*
deinen Zorn hinziehn durch alle Geschlechter?

7 Willst du uns nicht wieder beleben,*
damit dein Volk an dir sich freue?

8 HERR, zeig uns dein Erbarmen,*
dein Heil gewähre uns!

9 Hören will ich, was Gott redet:*
der HERR, er redet »Friede!«

zu seinem Volk und zu seinen Frommen,*
daß sie sich nicht zur Torheit wenden.

10 Sein Heil ist denen, die ihn fürchten, nahe,*
daß Herrlichkeit in unserm Lande wohne.

11 Es begegnen einander Liebe und Treue,*
   Gerechtigkeit und Friede küssen sich.

12 Treue sprießt aus der Erde hervor,*
   Gerechtigkeit blickt vom Himmel hernieder.

13 Ja, der HERR gibt das Gute,*
   und unser Land bringt seinen Ertrag hervor.

14 Gerechtigkeit geht vor ihm her*
   und bahnt den Weg mit ihren Schritten.

86

Ein Bittgebet. Ein Davidslied.

Neige dein Ohr, o Herr, gib mir Antwort!*
Denn ich bin elend und arm.

2 Beschütze mich, denn ich bin dir ergeben! /
Hilf deinem Knecht, du bist ja mein Gott!*
Ich vertraue auf dich.

3 Mein Herr, erbarme dich meiner,*
denn zu dir rufe ich den ganzen Tag.

4 Erfreue deinen Knecht:*
zu dir, mein Herr, erhebe ich meine Seele.

5 Denn du, mein Herr, bist gut und bereit zu verzeihen,*
voll Huld gegen alle, die zu dir rufen.

6 Vernimm, o Herr, mein Beten,*
und achte auf mein lautes Flehn!

7 Am Tag meiner Bedrängnis ruf ich zu dir,*
denn du gibst mir Antwort.

8 Unter den Göttern ist keiner wie du,*
mein Herr, nichts gleicht deinen Werken.

9 Die Völker alle, die du geschaffen, /
sie kommen und werfen sich vor dir nieder,*
mein Herr, sie ehren deinen Namen.

10 Denn du bist groß und tust Wunder,*
   nur du allein bist Gott.

11 Lehre mich, HERR, deinen Weg,*
   ich will ihn gehen in Treue zu dir.

   Auf eines nur richte mein Herz aus:*
   deinen Namen zu fürchten.

12 Mein Herr und mein Gott, /
   aus ganzem Herzen will ich dir danken,*
   in Ewigkeit will ich deinen Namen ehren.

13 Denn groß ist über mir deine Huld;*
   der Tiefe des Totenreichs hast du mich entrissen.

14 O Gott, Vermessene standen gegen mich auf, /
   eine Rotte von Gewalttätigen trachtet mir nach dem Leben.*
   Dich haben sie nicht vor Augen.

15 Doch du, mein Herr, bist der barmherzige und gnädige Gott,*
   voll Langmut, reich an Huld und Treue.

16 Wende dich mir zu und sei mir gnädig,*
   gib Kraft deinem Knecht, hilf dem Sohn deiner Magd.

17 Wirke mit mir ein Zeichen zum Guten! /
   Die mich hassen, sollen es sehn und sich schämen,*
   denn du, HERR, hast mir geholfen und hast mich getröstet.

87

Ein Lied der Söhne Korachs.
Ein Psalm.
Ein Gesang.

Seine Gründung auf heiligen Bergen −*
2 die Tore Zions liebt der HERR vor allen Stätten Jakobs.

3 Herrliches sagt man von dir,*
du Stadt unsres Gottes:

4 »Ich zähle Ägypten und Babylon*
zu denen, die mich kennen!«

Mag einer im Land der Philister geboren sein,*
in Kusch oder Tyrus −

5 so gilt doch von Zion: /
Dort ist ein jeder gebürtig!*
Der Höchste selbst ist es, der dieser Stadt Bestand gibt.

6 Der HERR schreibt im Verzeichnis der Völker:*
Auch dieser ist dort gebürtig!

7 Und sie tanzen und singen:*
In dir sind all meine Quellen!

88

Ein Gesang. Ein Psalm der Söhne Korachs.
Dem Musikmeister. Auf »Machalat« zu singen.
Ein Maskil Hemans, des Esrachiters.

2 O Herr, du Gott meines Heiles,*
vor dir schreie ich am Tag und bei Nacht.

3 Laß mein Gebet vor dein Antlitz dringen,*
meinem Flehen neige dein Ohr.

4 Denn mit Leid ist meine Seele gesättigt,*
mein Leben ist dem Totenreich nahe.

5 Schon zähle ich zu denen, die in die Grube sinken,*
bin wie ein Mann, dem alle Kraft genommen ist.

6 Ich bin unter die Toten entlassen*
wie die Erschlagenen, welche ruhen im Grab;

ihrer gedenkst du nimmer,*
und deiner Hand sind sie entzogen.

7 Du brachtest mich in die unterste Grube,*
in abgrundtiefe Finsternis.

8 Auf mir lastet dein Groll,*
mit all deinen Wogen drückst du mich nieder.

9 Du hast mir meine Vertrauten entfremdet,*
du machtest mich ihnen zum Abscheu.

Im Kerker bin ich und kann nicht heraus.*
10 Mein Auge verschmachtet vor Elend.

Jeden Tag, o HERR, ruf ich zu dir,*
ich strecke nach dir meine Hände aus.

11 Wirst du an den Toten Wunder tun,*
werden Schatten aufstehn, dich zu preisen?

12 Wird man im Grab von deiner Huld erzählen,*
von deiner Treue in der Unterwelt?

13 Werden in der Finsternis deine Wunder erkannt,*
deine Gerechtigkeit im Land des Vergessens?

14 Ich aber, HERR, ich schreie zu dir um Hilfe:*
am Morgen trete mein Gebet vor dich hin.

15 Warum, o HERR, verwirfst du mich,*
warum verbirgst du vor mir dein Antlitz?

16 Elend bin ich, ein Sterbender von früher Jugend an,*
ich trage deine Schrecken und bin zerquält.

17 Über mich fuhr dahin die Glut deines Zornes,*
deine Schrecken machen mich stumm.

18 Sie umfluten mich alle Tage wie Wasser,*
ringsum kreisen sie mich ein.

19 Du hast mir entfremdet Gefährten und Freunde,*
mein Vertrauter ist nur noch die Finsternis.

89

Ein Maskil Etans, des Esrachiters.

2 Von der Huld des HERRN will ich ewig singen,*
von Geschlecht zu Geschlecht soll mein Mund deine Treue verkünden.

3 Ja, ich bekenne: /
Aufgerichtet ist die Huld für ewig,*
deine Treue hat Bestand im Himmel.

4 »Ich habe einen Bund geschlossen mit meinem Erwählten,*
ich habe David, meinem Knecht, geschworen:

5 Deinem Haus geb ich auf ewig Bestand,*
und von Geschlecht zu Geschlecht richte ich deinen Thron auf.«

6 Die Himmel preisen deine Wunder, o HERR,*
die Gemeinde der Heiligen deine Treue.

7 Denn wer in den Wolken kann sich dem HERRN vergleichen,*
wer gleicht dem HERRN unter den Söhnen der Götter?

8 Gewaltig groß ist Gott im Rat der Heiligen,*
furchtbar ist er über allen, die ihn umstehen.

9 HERR, Gott der Scharen, wer ist wie du?*
Mächtig bist du, HERR, und dich umgibt deine Treue.

10 Dem Ungestüm des Meeres gebietest du,*
wenn seine Wogen toben, du bringst sie zur Ruhe.

11 Rahab hast du durchbohrt und zertreten,*
   deine Feinde zerstreut mit der Kraft deines Armes.

12 Dein ist der Himmel, dein auch die Erde,*
   du hast den Erdkreis gegründet mit all seiner Fülle.

13 Nord und Süd hast du geschaffen,*
   Tabor und Hermon jauchzen bei deinem Namen.

14 In deinem Arm wohnt Heldenkraft,*
   deine Hand ist stark, deine Rechte erhoben.

15 Gerechtigkeit und Recht sind deines Thrones Stützen,*
   Huld und Treue stehn vor deinem Angesicht.

16 Selig das Volk, das den Jubelruf kennt!*
   Sie wandeln, HERR, im Lichte deines Angesichts.

17 Ob deines Namens frohlocken sie allezeit,*
   durch deine Gerechtigkeit sind sie erhoben.

18 Denn du bist ihre Schönheit und Stärke,*
   du erhöhst unsre Kraft nach deinem Gefallen.

19 Fürwahr, unser Schild ist der HERR,*
   ja, Israels Heiliger ist unser König.

20 Einst hast du gesprochen in einem Gesichte*
   und zu deinen Frommen geredet:

   »Über einen Helden setzte ich einen Jüngling,*
   einen jungen Mann erhob ich aus dem Volke:

21 ich habe David gefunden als meinen Knecht,*
   ihn gesalbt mit dem Öl meiner Heiligung.

22 Beständig soll meine Hand ihn halten,*
   ja, mein Arm soll ihn stärken.

23 Kein Feind soll ihn täuschen,*
   kein Ruchloser kann ihn erniedrigen.

24 Ich will vor ihm seine Bedränger zerschmettern,*
   und die ihn hassen, schlage ich nieder.

25 Meine Treue und meine Huld begleiten ihn,*
   in meinem Namen ist seine Kraft erhoben.

26 Ich lege seine Hand auf das Meer*
   und auf die Ströme seine Rechte.

27 Er wird mich rufen: ›Du, mein Vater!*
   Mein Gott! Fels meines Heiles!‹

28 Ich aber – zum Erstgeborenen setz ich ihn ein,*
   zum Höchsten unter den Königen der Erde.

29 Auf ewig werde ich ihm meine Huld bewahren,*
   mein Bund ist beständig mit ihm.

30 Sein Haus lasse ich dauern für immer,*
   und seinen Thron wie die Tage des Himmels.

31 Wenn seine Söhne meine Weisung verlassen*
   und nicht wandeln nach meinen Geboten,

32 wenn sie meine Gesetze entweihen*
   und meine Befehle nicht befolgen,

33 dann ahnde ich mit der Rute ihr Vergehen*
   und ihre Schuld mit Schlägen.

34 Doch ich entziehe ihm nicht meine Huld,*
   ich breche meine Treue nicht.

35 Ich werde meinen Bund nicht entweihen,*
   den Spruch meiner Lippen nicht ändern.

36 Dies eine hab ich geschworen,
     so wahr ich heilig bin,*
   und niemals werde ich David belügen:

37 ›Sein Haus wird bleiben auf ewig,*
   und sein Thron ist vor mir wie die Sonne,

38 er wird ewig bestehn wie der Mond,*
   der treue Zeuge über den Wolken.‹«

39 Nun aber hast du verstoßen und verworfen,*
   schwer liegt dein Zorn auf deinem Gesalbten.

40 Du hast den Bund mit deinem Knecht zerbrochen,*
   seine Krone entweiht, zu Boden geworfen.

41 Eingerissen hast du all seine Mauern,*
   in Trümmer gelegt seine Burgen.

42 Die des Weges kommen, plündern ihn aus,*
   er wurde zum Gespött der Nachbarn.

43 Du hast die Rechte seiner Bedränger erhoben,*
   hast Freude bereitet all seinen Feinden.

44 Du hast die Spitze seines Schwertes umgekehrt*
   und ließest ihn im Krieg nicht bestehen.

45 Du machtest seinem Glanz ein Ende*
   und stießest seinen Thron zu Boden.

46 Du hast ihm verkürzt die Tage der Jugend*
   und ihn bedeckt mit Schande.

47 Wie lange noch, o HERR? /
   Willst du dich für immer verbergen?*
   Soll dein Zorn wie Feuer brennen?

48 Bedenke: Was ist mein Leben?*
   Wie nichtig hast du die Menschen geschaffen!

49 Wer ist der Mann, der lebt, ohne den Tod zu schaun,*
   der sich zu retten vermag aus den Fängen der Unterwelt?

50 Herr, wo sind die Taten deiner Huld von einst?*
   Du hast doch David bei deiner Treue geschworen!

51 O Herr, gedenke doch!*
   Gedenke der Schmach deiner Knechte!

   Im Herzen trag ich all die vielen Völker: /
52 HERR, als deine Feinde höhnen sie,*
   sie verhöhnen die Schritte deines Gesalbten.

53 Gepriesen sei der HERR in Ewigkeit!*
   Amen, ja amen!

90

Ein Bittgebet Moses, des Mannes Gottes.

O Herr, du warst uns Zuflucht*
von Geschlecht zu Geschlecht.

2 Ehe geboren wurden die Berge, /
ehe du kreißen ließest Erde und Festland:*
von Ewigkeit zu Ewigkeit bist du Gott.

3 Zum Staub zurückkehren läßt du den Menschen,*
du sprichst: Ihr Menschenkinder, kehrt zurück!

4 Denn tausend Jahre sind vor dir wie der Tag,
   der gestern vergangen ist,*
wie eine Wache in der Nacht.

5 Du schwemmst sie weg, ein Schlaf sind sie,*
sie gleichen dem Gras, das nachwächst am Morgen:

6 am Morgen grünt und wächst es,*
am Abend wird es welk und verdorrt.

7 So schwinden wir hin unter deinem Zorn,*
werden verstört durch deinen Grimm.

8 Unsere Sünden hast du vor dich hingestellt,*
in das Licht deines Angesichts unsre heimliche Schuld.

9 Ja, unter deinem Zorn gehen all unsre Tage dahin.*
Wir verleben unsre Jahre wie ein Seufzen.

10 Siebzig Jahre währt die Zeit unsres Lebens,*
sind wir bei Kräften, werden es achtzig.

Ihr Bestes aber ist nur Mühsal und Beschwer;*
rasch geht es vorbei, – wir fliegen dahin.

11 Wer kennt die Gewalt deines Zornes*
und in Furcht vor dir deinen Grimm?

12 Unsre Tage lehre uns zählen!*
Dann erlangen wir ein weises Herz.

13 HERR, kehre dich uns zu! – Wie lange noch?*
Laß es dir leid sein um deine Knechte!

14 Sättige uns am Morgen mit deiner Huld!*
Dann wollen wir jubeln und uns freun all unsre Tage.

15 Erfreue uns so viele Tage, wie du uns gebeugt hast,*
so viele Jahre, wie wir Unglück sahn.

16 Laß deine Knechte schauen dein Walten*
und ihre Kinder dein herrliches Tun.

17 Die Güte des Herrn, unsres Gottes, komme über uns! /
Laß uns das Werk unsrer Hände gedeihen!*
Ja, laß gedeihen unsrer Hände Werk!

91

1 Wer wohnen darf im Schutz des Höchsten,*
 im Schatten des Allmächtigen ruht er.

2 Ich sage zum HERRN: »Du meine Burg
  und meine Zuflucht,*
 mein Gott, auf den ich vertraue!«

3 Ja, er entreißt dich der Schlinge des Jägers*
 und der Pest des Verderbens.

4 Mit seinen Schwingen deckt er dich,/
 du findest Zuflucht unter seinen Flügeln.*
 Ein Schild und ein Schutzwall ist seine Treue.

5 Du brauchst vor dem Schrecken der Nacht
  nicht zu bangen,*
 noch vor dem Pfeil, der am Tage daherschwirrt,

6 nicht vor der Pest, die im Dunkel umgeht,*
 noch vor der Seuche, die am Mittag wütet;

7 fallen auch tausend an deiner Seite,/
 Zehntausende zu deiner Rechten:*
 dich wird es nimmer treffen,

8 nur schauen wirst du es mit deinen Augen/
 und sehen, wie die Frevler Vergeltung trifft:*
9 »Ja, du, o HERR, bist meine Zuflucht!«

 Zur Wohnung nahmst du dir den Höchsten:/
10 dir wird kein Unheil widerfahren,*
 kein Leid wird deinem Zelte nahen.

11 Denn er hat seinen Engeln befohlen,*
   dich zu behüten auf all deinen Wegen.

12 Sie werden dich auf Händen tragen,*
   damit dein Fuß an keinem Stein sich stoße.

13 Du wirst über Löwen und Schlangen gehn,*
   wirst Leu und Drachen zertreten.

14 »Weil er mir anhängt, will ich ihn retten,*
   ich schütze ihn, denn er kennt meinen Namen.

15 Ruft er zu mir, dann will ich ihn erhören, /
   in der Drangsal will ich bei ihm sein,*
   ich reiß ihn heraus und bring ihn zu Ehren.

16 Ich will ihn sättigen mit langem Leben*
   und lasse mein Heil ihn schauen.«

92

Ein Psalm. Ein Gesang. Für den Tag des Sabbats.

2 Schön ist es, dem HERRN zu danken,*
deinem Namen zu spielen, du Höchster,

3 am Morgen zu verkünden deine Liebe,*
und deine Treue in den Nächten

4 zur Laute mit zehn Saiten und zur Harfe,*
zum Klingen der Leier.

5 Denn du hast mich froh gemacht, HERR, durch dein Tun;*
ich will jubeln über die Werke deiner Hände.

6 Wie groß sind deine Werke, o HERR,*
unendlich tief sind deine Gedanken!

7 Ein Mensch ohne Einsicht kann es nicht fassen,*
ein Tor kann es nicht verstehen:

8 Wenn auch die Frevler sprießen wie Gras, /
und alle, die Unrecht tun, in Blüte stehn:*
sie sind bestimmt zum Verderben auf immer.

9 Du aber bist erhaben,*
HERR, du bleibst in Ewigkeit.

10 Doch siehe, deine Feinde, o HERR, /
doch siehe, deine Feinde vergehen;*
zerstreut werden alle, die Unrecht tun.

11 Du hast mich stark gemacht wie einen Wildstier,*
   mit frischem Salböl bin ich überschüttet.

12 Mein Auge blickt herab auf meine Verfolger,*
   mein Ohr hört, wie es den Bösen ergeht, die gegen mich aufstehn.

13 Der Gerechte sprießt wie die Palme,*
   er wächst empor wie die Zedern des Libanon.

14 Die gepflanzt sind im Hause des HERRN,*
   sprießen auf in den Höfen unseres Gottes:

15 noch im Alter gedeihen sie,*
   sie bleiben voll Saft und Frische,

16 zu verkünden: Gerecht ist der HERR!*
   Mein Fels – an ihm ist kein Unrecht.

93

1 Der HERR ist König, mit Hoheit bekleidet;*
der HERR hat sich bekleidet und mit Macht umgürtet.

Fest ist der Erdkreis gegründet,*
nie wird er wanken.

2 Fest steht dein Thron von Anbeginn,*
du bist von Ewigkeit.

3 Fluten erhoben, HERR, /
Fluten erhoben ihr Tosen,*
Fluten erheben ihr Brausen.

4 Gewaltiger als das Tosen der mächtigen Wasser, /
gewaltiger als die Brandung des Meeres*
ist gewaltig der HERR in der Höhe.

5 Deine Gesetze sind fest und verläßlich, /
HERR, deinem Haus ziemt Heiligkeit*
für alle Zeiten.

94

1 Gott der Vergeltung, o HERR,*
du Gott der Vergeltung, erscheine!

2 Erhebe dich, Richter der Erde!*
Zahle den Stolzen heim ihre Taten!

3 Wie lange noch dürfen die Frevler, o HERR,*
wie lange noch dürfen die Frevler triumphieren?

4 Geifernd führen sie freche Reden,*
die Übeltäter brüsten sich alle.

5 HERR, sie zertreten dein Volk,*
sie unterdrücken dein Erbteil.

6 Die Witwe und den Fremdling bringen sie um,*
sie ermorden die Waisen.

7 Sie sagen: »Der HERR sieht es nicht,*
der Gott Jakobs merkt es nicht.«

8 Merkt es doch, ihr Toren im Volk!*
Ihr Narren, wann werdet ihr weise?

9 Der das Ohr gepflanzt hat, sollte der nicht hören?*
Der das Auge gebildet, sollte der nicht sehen?

10 Sollte der nicht zurechtweisen, der die Völker erzieht,*
er, der die Menschen Erkenntnis lehrt?

11 Der HERR kennt die Gedanken des Menschen:*
Nur ein Hauch sind sie.

12 Selig der Mensch, den du, o HERR, erziehst,*
   den du belehrst mit deiner Weisung,

13 ihm Ruhe zu schaffen vor bösen Tagen,*
   bis dem Frevler die Grube gegraben ist.

14 Denn der HERR wird sein Volk nicht verstoßen*
   und sein Erbe nicht verlassen.

15 Ja, zur Gerechtigkeit kehrt zurück das Recht,*
   ihm folgen alle, die redlichen Herzens sind.

16 Wer steht für mich auf gegen die Bösen,*
   wer tritt für mich ein gegen jene, die Übles tun?

17 Wäre nicht der HERR meine Hilfe,*
   bald wohnte meine Seele im Schweigen.

18 Wenn ich sage: »Mein Fuß gleitet aus«,*
   dann stützt mich, HERR, deine Liebe.

19 Bedrückt die Menge der Sorgen mein Herz,*
   dann erquickt dein Trost meine Seele.

20 Ist mit dir der Thron des Verderbens verbündet,*
   der Mühsal schafft, dem Gesetz zuwider?

21 Sie rotten sich zusammen gegen das Leben des Gerechten,*
   unschuldiges Blut sprechen sie schuldig.

22 Doch der HERR wurde mir zur Burg,*
   mein Gott zum Fels meiner Zuflucht.

23 Er wendet ihr Unrecht auf sie zurück, /
   bringt sie zum Schweigen durch ihre Bosheit.*
   Der HERR, unser Gott, bringt sie zum Schweigen!

95

1 Auf! Laßt uns jauchzen dem HERRN,*
   jubeln dem Fels unsres Heils!

2 Laßt uns mit Lobpreis seinem Angesicht nahen,*
   ihm jubeln mit Liedern!

3 Denn der HERR ist ein großer Gott,*
   ein großer König über allen Göttern.

4 In seiner Hand sind die Tiefen der Erde,*
   sein sind die Gipfel der Berge.

5 Sein ist das Meer, von ihm geschaffen,*
   das trockene Land, das seine Hände gebildet.

6 Kommt! Laßt uns niederfallen,
      uns vor ihm verneigen,*
   laßt uns niederknien vor dem HERRN,
      der uns geschaffen.

7 Denn er ist unser Gott, /
   wir sind das Volk seiner Weide,*
   die Herde, von seiner Hand geführt.

   Wenn ihr doch heute auf seine Stimme hörtet: /
8 »Verhärtet euer Herz nicht wie in Meriba,*
   wie in der Wüste am Tag von Massa!

9 Dort haben eure Väter mich versucht,*
   sie haben mich auf die Probe gestellt – und hatten
      doch mein Tun gesehen.

10 Vierzig Jahre war mir dies Geschlecht zuwider. /
So sprach ich: Sie sind ein Volk mit irrendem Herzen.*
Sie kennen meine Wege nicht.

11 Da habe ich in meinem Zorn geschworen:*
Sie sollen nicht in meine Ruhe kommen.«

96

1 Singet dem HERRN ein neues Lied, /
   singt dem HERRN, alle Lande,*
2 singt dem HERRN und preist seinen Namen!

   Verkündet sein Heil von Tag zu Tag, /
3 erzählt unter den Völkern von seiner Herrlichkeit,*
   bei allen Nationen von seinen Wundern.

4 Denn groß ist der HERR und hoch zu preisen,*
   mehr zu fürchten als alle Götter.

5 Sind doch alle Götter der Völker Nichtse,*
   der HERR aber hat den Himmel geschaffen.

6 Hoheit und Pracht sind vor seinem Antlitz,*
   Macht und Glanz erfüllen sein Heiligtum.

7 Bringt dar dem HERRN, ihr Stämme der Völker, /
   bringt dar dem HERRN Ehre und Macht,*
8 bringt dar dem HERRN die Ehre seines Namens!

   Bringt Gaben und tretet in seine Höfe! /
9 Fallt nieder vor dem HERRN in heiligem Schmuck!*
   Die ganze Erde erbebe vor seinem Antlitz.

10 Verkündet unter den Nationen: Der HERR ist König! /
   – Fest ist der Erdkreis gegründet, nie wird er wanken. –*
   Er richtet die Völker, wie es recht ist.

11 Der Himmel freue sich, die Erde jauchze,*
   es brause das Meer und seine ganze Fülle,

12 es jauchze die Flur, und was auf ihr wächst,*
   jubeln sollen alle Bäume des Waldes

13 vor dem HERRN, denn er kommt,*
   denn er kommt, die Erde zu richten.

Er richtet den Erdkreis in Gerechtigkeit*
und die Völker nach seiner Treue.

97

1 Der HERR ist König! Die Erde frohlocke!*
  Freuen sollen sich die vielen Inseln!

2 Rings um ihn her sind Wolken und Dunkel,*
  Gerechtigkeit und Recht sind seines Thrones Stützen.

3 Feuer läuft vor ihm her,*
  ringsum verzehrt es seine Gegner.

4 Seine Blitze erhellen den Erdkreis,*
  die Erde sieht es mit Beben.

5 Wie Wachs schmelzen vor dem HERRN die Berge,*
  vor dem Antlitz des Herrschers der ganzen Erde.

6 Die Himmel künden seine Gerechtigkeit,*
  seine Herrlichkeit schauen alle Völker.

7 Zuschanden werden, die Bildern dienen, /
  die ihrer Götzen sich rühmen.*
  Vor ihm werfen alle Götter sich nieder.

8 Zion hört es und freut sich,*
  Judas Töchter jubeln, HERR, über deine Gerichte.

9 Denn du, o HERR, bist der Höchste
    über der ganzen Erde,*
  hoch erhaben bist du über alle Götter.

10 Die ihr den HERRN liebt, haßt das Böse! /
   Er hütet das Leben seiner Frommen,*
   er entreißt sie der Hand der Frevler.

11 Licht ist dem Gerechten ausgesät,*
   Freude denen, die geraden Herzens sind.

12 Ihr Gerechten, freut euch des HERRN!*
   Preist ihn, gedenkt seines heiligen Namens!

98

Ein Psalm.

Singet dem Herrn ein neues Lied,*
denn er vollbrachte wunderbare Taten!

Heil geschaffen hat ihm seine Rechte,*
die Kraft seines heiligen Armes.

2 Der Herr hat kundgemacht sein Heil,*
sein gerechtes Walten enthüllt vor den Augen der Völker.

3 Er gedachte seiner Huld*
und seiner Treue zum Hause Israel.

Alle Enden der Erde*
schauen das Heil unseres Gottes.

4 Jauchzet dem Herrn, alle Lande,*
freut euch, jubelt und spielet!

5 Spielt dem Herrn auf der Harfe,*
auf der Harfe, mit lautem Saitenspiel!

6 Mit Trompeten und schallenden Hörnern*
jauchzt vor dem Herrn, dem König.

7 Es brause das Meer und was es erfüllt,*
der Erdkreis und die auf ihm wohnen.

8 In die Hände klatschen sollen die Ströme,*
die Berge sollen miteinander jubeln

9 vor dem HERRN, denn er kommt,*
er kommt, die Erde zu richten.

Er richtet den Erdkreis in Gerechtigkeit*
und die Völker so, wie es recht ist.

99

1 Der HERR ist König: es zittern die Völker!*
 Er thront auf den Kerubim: es wankt die Erde!

2 Groß ist der HERR auf Zion,*
 erhaben ist er über alle Völker.

3 Preisen sollen sie deinen großen
    und furchtbaren Namen:*
 Er ist heilig!

4 Starker König, der das Recht liebt: /
 Du bist es, der die Ordnung begründet,*
 du hast Recht und Gerechtigkeit in Jakob geschaffen.

5 Erhebt den HERRN, unsern Gott! /
 Werft euch nieder am Schemel seiner Füße:*
 Er ist heilig!

6 Mose und Aaron sind unter seinen Priestern, /
 Samuel ist unter denen, die seinen Namen rufen.*
 Sie riefen zum HERRN, – er selbst gab ihnen Antwort.

7 Aus der Wolkensäule sprach er zu ihnen. /
 Sie hielten seine Gebote,*
 die Satzung, die er ihnen gegeben.

8 O HERR, unser Gott, du selbst gabst ihnen Antwort. /
 Du warst für sie ein Gott, der erträgt:*
 die Frevel an ihnen hast du geahndet.

9 Erhebt den HERRN, unsern Gott! /
Werft euch nieder an seinem heiligen Berge!*
Denn der HERR, unser Gott, ist heilig!

100

Ein Psalm. Zum Dankopfer.

Jauchzet dem Herrn, alle Welt!/
2 Dient dem Herrn mit Freude!*
Kommt vor sein Antlitz mit Jubel!

3 Erkennt: Der Herr ist Gott!/
Er hat uns geschaffen, wir sind sein Eigen,*
sein Volk und die Herde seiner Weide.

4 Tretet durch seine Tore mit Dank,/
in seine Höfe mit Lobgesang!*
Dankt ihm, preist seinen Namen!

5 Denn gut ist der Herr,/
seine Huld währt ewig*
und Geschlecht um Geschlecht seine Treue.

101

Ein Davidslied. Ein Psalm.

Von Gnade und Recht will ich singen,*
dir, o Herr, will ich spielen.

2 Auf den rechten Weg will ich bedacht sein.*
Wann wirst du zu mir kommen?

Lauteren Herzens lebe ich in meinem Hause,*
3 richte mein Auge nicht auf Verderbliches.

Ich hasse unrechtes Tun,*
es soll nicht an mir haften.

4 Ein falsches Herz sei mir fern,*
vom Bösen will ich nichts wissen.

5 Wer seinen Nächsten heimlich verleumdet,*
den bring ich zum Schweigen.

Wer stolzen Auges ist und hochmütigen Herzens,*
den will ich nicht dulden.

6 Meine Augen ruhen auf den Treuen im Lande,*
sie sollen bei mir wohnen.

Wer auf dem rechten Weg geht,*
der darf mir dienen.

7 In meinem Haus wohne kein Betrüger,*
kein Lügner kann vor meinen Augen bestehen.

8 Morgen für Morgen
    bring ich die Frevler des Landes zum Schweigen:*
in der Stadt des HERRN
    rotte ich alle aus, die Unrecht tun.

102

BITTGEBET EINES ELENDEN, WENN ER SCHWACH WIRD
UND VOR DEM HERRN SEINE KLAGE AUSSCHÜTTET.

2 O HERR, höre mein Beten,*
mein Schreien möge zu dir kommen!

3 Verbirg nicht dein Antlitz vor mir am Tag meiner Not! /
Neige dein Ohr mir zu am Tag, da ich rufe,*
eile und hilf mir!

4 Denn meine Tage sind geschwunden wie Rauch,*
und meine Glieder glühen wie Feuer.

5 Versengt wie Gras und verdorrt ist mein Herz,*
ich vergesse sogar, mein Brot zu essen.

6 Vor lauter Stöhnen und Seufzen*
klebt mir die Haut an den Knochen.

7 Ich gleiche einer Dohle in der Wüste,*
ich wurde wie eine Eule in öden Ruinen.

8 Ich wache und bin verlassen*
wie auf dem Dach ein einsamer Vogel.

9 Den ganzen Tag bin ich der Spott meiner Feinde,*
die gegen mich wüten, fluchen mit meinem Namen.

10 Ich esse Asche statt Brot*
und mische meinen Trank mit Tränen

11 wegen deiner Wut und deines Zornes;*
denn du hobst mich auf und warfst mich zu Boden.

12 Meine Tage sind wie ein Schatten, wenn er sich
      neigt:*
   ich muß wie Gras verdorren.

13 Du aber, HERR, thronst in Ewigkeit,*
   und von Geschlecht zu Geschlecht währt
      dein Gedenken.

14 Du wirst dich erheben, wirst Zion gnädig sein; /
   ja, es ist Zeit, daß du dich seiner erbarmst;*
   wahrlich – jetzt ist die Stunde gekommen.

15 Seine Steine sind deinen Knechten teuer,*
   sein Staub erbarmt sie.

16 Dann werden die Völker, o HERR, deinen Namen
      fürchten*
   und alle Könige der Erde deine Herrlichkeit.

17 »Der HERR hat Zion erbaut,*
   er ließ sich sehn in seiner Herrlichkeit.

18 Er wandte sich hin zum Gebet der Entblößten,*
   er wies ihr Gebet nicht von sich.«

19 Geschrieben werde das für ein Geschlecht,
      das kommen wird,*
   damit ein neugeschaffnes Volk den HERRN lobpreise:

20 »Der HERR hat von seiner heiligen Höhe
      herabgeschaut,*
   vom Himmel blickte er hin zur Erde,

21 der Gefangenen Stöhnen zu hören,*
   zu befreien die Kinder des Todes,

22 damit man auf Zion verkünde den Namen des HERRN*
   und in Jerusalem seinen Lobpreis,

23 wenn dort sich die Völker versammeln,*
   die Königreiche, um dem HERRN zu dienen.«

24 Er brach mir die Kraft auf dem Wege,*
   verkürzte meine Tage.

25 So spreche ich: /
   Mein Gott, nimm mich nicht fort aus meiner Tage Mitte!*
   Deine Jahre währen durch alle Geschlechter.

26 Vor Zeiten hast du die Erde gegründet,*
   und die Himmel sind das Werk deiner Hände.

27 Sie werden vergehen – du aber bleibst,*
   wie ein Kleid werden sie alle zerfallen.

   Du wechselst sie wie ein Gewand, sie wandeln sich.*
28 Du aber bist, und deine Jahre enden niemals.

29 Die Kinder deiner Knechte werden sicher wohnen,*
   ihr Geschlecht wird vor deinem Antlitz bestehen.

103

Ein Davidslied.

Lobe den HERRN, meine Seele,*
und alles in mir seinen heiligen Namen!

2 Lobe den HERRN, meine Seele,*
und vergiß nicht, was er dir Gutes getan hat.

3 All deine Schuld vergibt er,*
alle deine Gebrechen heilt er.

4 Aus dem Untergang erlöst er dein Leben,*
er krönt dich mit Erbarmen und Liebe.

5 Er sättigt dein Leben mit Gutem;*
wie dem Adler wird dir die Jugend erneuert.

6 Der HERR vollbringt gerechte Taten,*
allen Unterdrückten schafft er Recht.

7 Dem Mose hat er seine Wege kundgetan,*
den Kindern Israels seine Werke.

8 Der HERR ist barmherzig und gnädig,*
voll Langmut und reich an Liebe.

9 Er wird nicht rechten für immer*
und trägt nicht ewig nach.

10 Er handelt an uns nicht nach unsern Sünden,*
vergilt uns nicht nach unsrer Schuld.

11 Denn so hoch der Himmel über der Erde,*
   so machtvoll ist seine Liebe über denen, die ihn
      fürchten.

12 So weit der Aufgang vom Untergang,*
   so weit entfernt er unsre Frevel von uns.

13 Wie sich ein Vater erbarmt seiner Kinder,*
   so erbarmt der HERR sich derer, die ihn fürchten.

14 Denn er weiß, woraus wir gebildet sind,*
   er denkt daran: Wir sind nur Staub.

15 Der Mensch – wie Gras sind seine Tage,*
   wie die Blume des Feldes, so blüht er.

16 Fährt der Wind darüber, ist sie dahin,*
   selbst der Ort, wo sie stand, hat sie vergessen.

17 Doch die Liebe des HERRN währt immer und ewig /
      über denen, die ihn fürchten.*
   Seine Gerechtigkeit erfahren noch Kinder und Enkel,

18 alle, die seinen Bund bewahren,*
   die seiner Gebote gedenken und danach handeln.

19 Der HERR hat seinen Thron im Himmel errichtet,*
   und seine Königsmacht regiert das All.

20 Lobt den HERRN, ihr seine Boten, /
   ihr starken Helden, die sein Wort vollstrecken,*
   die ihm gehorchen aufs Wort!

21 Lobt den HERRN, ihr seine Scharen alle,*
   ihr Diener, die seinen Willen vollziehn!

22 Lobt den HERRN, ihr seine Werke alle /
   an allen Orten seiner Herrschaft!*
   Du, meine Seele, lobe den HERRN!

104

1 Lobe den HERRN, meine Seele! /
  HERR, mein Gott, du bist gewaltig groß!*
  Du hast dich bekleidet mit Hoheit und Pracht.

2 Du hüllst dich in Licht wie in einen Mantel,*
  du spannst den Himmel aus gleich einem Zelt.

3 Du gründest die Balken deiner Wohnung im Wasser, /
  du nimmst dir die Wolken zum Wagen,*
  du fährst einher auf den Flügeln des Windes.

4 Du machst die Winde zu deinen Boten,*
  lodernde Feuer zu deinen Dienern.

5 Du hast die Erde auf ihre Pfeiler gegründet,*
  sie wird nicht wanken in Ewigkeit.

6 Die Urflut bedeckte sie wie ein Kleid,*
  bis über die Berge standen die Wasser.

7 Vor deinem Schelten sind sie geflohen,*
  geflüchtet vor dem Ruf deines Donners.

8 Sie stiegen bergan, sie sanken zu Tal*
  an den Ort, den du für sie gegründet.

9 Eine Grenze hast du gesetzt, /
  die dürfen sie nicht überschreiten,*
  sie dürfen nie wieder die Erde bedecken.

10 Du schickst Quellen aus in die Bäche,*
zwischen den Bergen eilen sie hin.

11 Sie tränken alles Getier des Feldes,*
die Wildesel löschen ihren Durst.

12 An ihnen nisten die Vögel des Himmels,*
sie lassen ihren Ruf ertönen aus dem Gezweig.

13 Du tränkst die Berge aus deinen Kammern,*
von der Frucht deiner Werke wird die Erde satt.

14 Du läßt Gras sprießen für das Vieh,*
und Pflanzen für den Ackerbau des Menschen,

damit er Brot gewinnt von der Erde*
15 und Wein, der das Herz des Menschen erfreut;

damit er sein Antlitz glänzen macht mit Öl*
und Brot das Herz des Menschen stärkt.

16 Es sättigen sich die Bäume des HERRN,*
die Zedern des Libanon, die er gepflanzt hat.

17 Die Vögel bauen in ihnen ihr Nest,*
auf ihren Wipfeln nistet der Storch.

18 Die hohen Berge gehören dem Steinbock,*
dem Klippdachs bieten die Felsen Zuflucht.

19 Du hast den Mond gemacht als Maß für die Zeiten,*
die Sonne, die ihren Untergang kennt.

20 Du bringst Dunkelheit und es wird Nacht,*
   in ihr regt sich alles Getier des Waldes.

21 Die jungen Löwen brüllen nach Beute,*
   verlangen von Gott ihre Nahrung.

22 Geht die Sonne auf, kehren sie heim*
   und lagern sich in ihren Verstecken.

23 Der Mensch geht hinaus an sein Tagwerk,*
   an seine Arbeit bis zum Abend.

24 Wie zahlreich sind deine Werke, o HERR! /
   In Weisheit hast du sie alle geschaffen.*
   Die Erde ist voll von deinen Geschöpfen –

25 und erst das Meer, so groß und weit und breit: /
   darin ein Gewimmel, nicht zu zählen,*
   kleine Tiere und große.

26 Dort ziehen die Schiffe dahin,*
   der Leviatan, den du geformt, um mit ihm zu spielen.

27 Auf dich warten sie alle,*
   daß du ihnen Speise gibst zur rechten Zeit.

28 Du gibst ihnen – sie sammeln ein,*
   du öffnest deine Hand – sie werden gesättigt mit Gutem.

29 Du verbirgst dein Antlitz – sie sind verstört, /
   du holst ihren Atem zurück – sie sterben hin*
   und kehren zurück in den Staub.

30 Du sendest deinen Atem aus – sie werden erschaffen:*
   du erneuerst das Antlitz der Erde.

31 Ewig währe die Herrlichkeit des HERRN,*
   es freue sich der HERR seiner Werke!

32 Er blickt die Erde an und sie erbebt,*
   er rührt die Berge an und sie rauchen.

33 Singen will ich dem HERRN, solange ich lebe,*
   meinem Gott will ich spielen, solange ich bin.

34 Möge ihm mein Dichten gefallen!*
   Ich aber, ich will mich freuen des HERRN.

35 Die Sünder sollen von der Erde verschwinden,*
   und Frevler sollen nicht mehr da sein!

   Lobe den HERRN, meine Seele!*
   Ja, meine Seele, lobe den HERRN!

105

1 Danket dem HERRN! Ruft seinen Namen aus!*
  Macht unter den Völkern seine Taten bekannt!

2 Singt ihm und spielt ihm!*
  Sinnt nach über all seine Wunder!

3 Rühmt euch seines heiligen Namens!*
  Die den HERRN suchen, sollen von Herzen sich freuen.

4 Fragt nach dem HERRN und seiner Macht,*
  sucht sein Antlitz allezeit.

5 Denkt an die Wunder, die er getan hat,*
  an seine Machterweise und an die Beschlüsse
     aus seinem Mund.

6 Ihr Nachkommen seines Knechtes Abraham,*
  ihr Kinder Jakobs, ihr seine Erwählten.

7 Er, der HERR, ist unser Gott!*
  Auf der ganzen Erde gelten seine Beschlüsse.

8 Auf ewig denkt er an seinen Bund,*
  an das Wort, das er für tausend Geschlechter entboten,

9 an den Bund, den er mit Abraham geschlossen,*
  an seinen Eid, den er Isaak geschworen.

10 Er bestimmte ihn als Satzung für Jakob,*
   als ewigen Bund für Israel,

11 indem er sprach: »Dir will ich Kanaan geben*
   als den euch zugemessenen Erbteil.«

12 Als sie noch gering waren an Zahl,*
   nur wenige und nur zu Gast im Lande,

13 und noch hin und her zogen von Volk zu Volk,*
   von einem Reich zum andern,

14 da gestattete er niemand, sie zu bedrücken,*
   wies ihretwegen Könige zurecht:

15 »Tastet meine Gesalbten nicht an,*
   tut meinen Propheten nichts zuleide!«

16 Dann aber rief er über das Land den Hunger aus,*
   entzog ihnen allen Vorrat an Brot.

17 Doch hatte er ihnen einen Mann vorausgesandt:*
   Josef wurde als Sklave verkauft.

18 Man zwängte seine Füße in Fesseln,*
   sein Hals kam ins Eisen,

19 bis zu der Zeit, da sein Wort sich erfüllte*
   und der Spruch des HERRN ihm recht gab.

20 Er sandte einen König, der ließ ihn frei,*
   einen Herrscher der Völker, der ließ ihn heraus.

21 Er bestellte ihn zum Herrn über sein Haus,*
   zum Herrscher über seine ganze Habe,

22 damit er an sich binde seine Fürsten*
   und Weisheit lehre seine Ältesten.

23 Und Israel kam nach Ägypten,*
   Jakob wurde Gast im Lande Hams.

24 Da mehrte Gott sein Volk gewaltig,*
   er machte es stärker als seine Bedränger.

25 Er wandelte deren Sinn zum Haß gegen sein Volk,*
   Arglist zu üben an seinen Knechten.

26 Dann sandte er Mose, seinen Knecht,*
   und Aaron, den er sich erwählte;

27 sie wirkten unter ihnen seine angesagten Zeichen,*
   seine Machterweise im Lande Hams.

28 Er sandte Finsternis, da wurde es dunkel.*
   – Widerstrebten sie nicht trotzdem seinem Wort? –

29 Er verwandelte ihre Gewässer in Blut*
   und ließ ihre Fische sterben.

30 Ihr Land wimmelte von Fröschen*
   bis hinein in die Gemächer der Könige.

31 Er sprach, da kamen Schwärme von Bremsen*
   und Stechmücken über ihr ganzes Gebiet.

32 Er schickte ihnen Hagel statt Regen,*
   flammendes Feuer auf ihr Land.

33 Er zerschlug ihnen Weinstock und Feigenbaum*
   und zerbrach die Bäume in ihrem Gebiet.

34 Er sprach, da kamen Schwärme von Grillen*
   und Heuschrecken ohne Zahl.

35 Sie fraßen alles Grün in ihrem Land,*
   sie fraßen die Frucht ihrer Felder.

36 Er schlug alle Erstgeburt in ihrem Land,*
   die Erstlinge ihrer Manneskraft.

37 Er führte sein Volk heraus mit Silber und Gold;*
   kein Strauchelnder fand sich in seinen Stämmen.

38 Ägypten freute sich bei ihrem Auszug,*
   denn Schrecken vor ihnen hatte sie befallen.

39 Eine Wolke breitete er aus als Deckung*
   und Feuer, zu erleuchten die Nacht.

40 Er forderte Wachteln an und ließ sie kommen*
   und sättigte sie mit Brot vom Himmel.

41 Er öffnete den Felsen, da quollen Wasser,*
   wie ein Strom flossen sie hin in der Wüste.

42 Denn er gedachte seines heiligen Wortes*
   und seines Knechtes Abraham.

43 Er führte sein Volk heraus in Frohlocken,*
   unter Jauchzen seine Erwählten.

44 Er gab ihnen die Länder der Völker,*
   sie nahmen in Besitz, was die Völker mühsam erworben,

45 damit sie seine Satzungen hielten*
   und seine Weisungen wahrten.

   Halleluja!

106

1 Halleluja!

Danket dem HERRN, denn er ist gütig!*
Denn seine Huld währt ewig!

2 Wer kann die machtvollen Taten des HERRN erzählen,*
wer kann all seinen Ruhm verkünden?

3 Selig, die das Recht bewahren,*
die zu jeder Zeit Gerechtigkeit üben.

4 Gedenke meiner, HERR, aus Zuneigung zu deinem Volk,*
suche mich heim mit deiner Hilfe,

5 daß ich das Glück deiner Erwählten schaue, /
mich freue an der Freude deines Volkes,*
daß ich zusammen mit deinem Erbe mich rühme.

6 Wir haben gesündigt mit unsern Vätern,*
wir haben Unrecht getan und gefrevelt.

7 Unsre Väter in Ägypten begriffen nichts von deinen Wundern, /
gedachten nicht der vielen Erweise deiner Liebe:*
widerspenstig waren sie am Meer – am Schilfmeer.

8 Er aber hat sie um seines Namens willen gerettet,*
um seine Macht zu bekunden.

9 Er drohte dem Schilfmeer, und es wurde trocken,*
er führte sie durch die Fluten wie durch die Wüste.

10 Er rettete sie aus der Hand des Hassers,*
   er löste sie aus der Hand des Feindes.

11 Das Wasser bedeckte ihre Bedränger,*
   nicht einer von ihnen blieb übrig.

12 Da glaubten sie seinen Worten,*
   da sangen sie seinen Lobpreis.

13 Doch schnell vergaßen sie seine Taten,*
   sie warteten nicht auf seinen Ratschluß.

14 Sie gierten voll Begierde in der Wüste,*
   sie versuchten Gott in der Öde.

15 Er gab ihnen, was sie verlangten.*
   Dann aber sandte er ihnen die Schwindsucht.

16 Sie wurden im Lager eifersüchtig auf Mose*
   und auf den Heiligen des HERRN, auf Aaron.

17 Die Erde tat sich auf und verschluckte Datan,*
   sie bedeckte die Rotte Abirams.

18 Ein Feuer entbrannte wider die Rotte,*
   eine Flamme verzehrte die Frevler.

19 Sie machten am Horeb ein Kalb*
   und warfen sich nieder vor dem Gußbild.

20 Ihre Herrlichkeit tauschten sie ein*
   gegen das Bild eines Stieres, der Gras frißt.

21 Sie vergaßen Gott, ihren Retter,*
   der große Dinge tat in Ägypten,

22 Wunder im Lande Hams,*
   staunenerregende Taten am Schilfmeer.

23 Da sann er darauf, sie zu vertilgen,*
   wäre nicht Mose gewesen, sein Erwählter.

   Der trat vor ihm in die Bresche,*
   seinen Grimm abzuwenden vom Vernichten.

24 Sie verschmähten das köstliche Land*
   und glaubten seinem Wort nicht.

25 Sie murrten in ihren Zelten,*
   auf die Stimme des HERRN wollten sie nicht hören.

26 Da erhob er gegen sie seine Hand,*
   sie niederzustrecken in der Wüste,

27 ihre Nachkommen niederzustrecken
      durch die Völker,*
   sie in alle Länder zu zerstreuen.

28 Sie unterjochten sich dem Baal-Pegor*
   und aßen die Opfer der Toten.

29 Sie kränkten Gott mit ihren Taten,*
   da brach unter ihnen eine Plage aus.

30 Pinhas trat auf und legte sich ins Mittel,*
   da wurde der Plage Einhalt geboten;

31 das wurde ihm angerechnet als Gerechtigkeit*
   von Geschlecht zu Geschlecht für alle Zeiten.

32 Sie reizten an den Wassern von Meriba Gottes Zorn,*
   ihretwegen erging es Mose übel.

33 Denn sie waren widerspenstig gegen dessen Geist,*
   so daß er mit seinen Lippen unbedacht redete.

34 Sie vertilgten die Völker nicht,*
   wie der HERR es ihnen befohlen.

35 Sie vermischten sich mit den Heiden*
   und lernten deren Werke.

36 Sie dienten deren Götzen.*
   Das wurde ihnen zur Falle.

37 Sie brachten ihre Söhne und Töchter dar*
   als Opfer für die Dämonen.

38 Sie vergossen unschuldiges Blut,*
   das Blut ihrer Söhne und Töchter;

   die opferten sie den Götzen Kanaans.*
   So wurde das Land durch Blutschuld geschändet.

39 Sie wurden durch ihre Werke unrein*
   und brachen durch ihre Taten die Treue.

40 Der Zorn des HERRN entbrannte gegen sein Volk,*
   Abscheu empfand er gegen sein Erbe.

41 Er gab sie in die Hand der Völker,*
   und ihre Hasser beherrschten sie.

42 Ihre Feinde bedrängten sie,*
   sie wurden unter ihre Hand gebeugt.

43 Immer und immer wieder befreit er sie, /
   sie aber bleiben widerspenstig bei ihren eigenen Beschlüssen.*
   In ihrer Schuld versanken sie.

44 Er aber sah auf ihre Drangsal,*
   als er ihr Schreien hörte;

45 um ihretwillen dachte er an seinen Bund*
   und ließ es sich gereuen in der Fülle seiner Liebe.

46 Erbarmen ließ er sie finden*
   bei denen, die sie gefangen weggeführt.

47 Rette uns, HERR, unser Gott,*
   und sammle uns aus den Völkern,

   daß wir deinen heiligen Namen preisen*
   und uns deines Lobes rühmen.

48 Gepriesen sei der HERR, der Gott Israels, /
   von Ewigkeit zu Ewigkeit!*
   Alles Volk soll sprechen: Amen.

   Halleluja!

107

1 Danket dem HERRN, denn er ist gütig!*
 Denn seine Huld währt ewig!

2 So sollen sprechen die vom HERRN Erlösten,*
 die er erlöst hat aus der Hand des Bedrängers,

3 die er aus den Ländern gesammelt hat, /
 vom Aufgang und vom Niedergang,*
 vom Norden und vom Meere.

4 Die einen irrten umher in der Wüste, im Ödland,*
 sie konnten den Weg zur wohnlichen Stadt
  nicht finden,

5 sie litten Hunger und Durst,*
 ihre Kehle war am Verschmachten.

6 In ihrer Angst schrien sie zum HERRN,*
 und er entriß sie ihrer Bedrängnis.

7 Er führte sie auf geradem Wege,*
 so daß sie zur wohnlichen Stadt gelangten.

8 Danken sollen sie dem HERRN für seine Huld,*
 für seine Wundertaten an den Menschen.

9 Denn er hat die lechzende Kehle gesättigt,*
 die hungernde Kehle gefüllt mit Gutem.

10 Andere saßen in Dunkel und Finsternis,*
 gefangen in Elend und Eisen.

11 Denn sie hatten den Worten Gottes getrotzt*
   und den Ratschluß des Höchsten verachtet.

12 Da beugte er ihr Herz durch Mühsal,*
   sie stürzten, und es gab keinen Helfer.

13 In ihrer Angst schrien sie zum HERRN,*
   und er befreite sie aus ihrer Bedrängnis.

14 Er führte sie heraus aus Dunkel und Finsternis,*
   er hat ihre Fesseln zerrissen.

15 Danken sollen sie dem HERRN für seine Huld,*
   für seine Wundertaten an den Menschen.

16 Denn er hat die ehernen Tore zerbrochen,*
   die eisernen Riegel zerschlagen.

17 Andere waren abgestumpft durch ihren sündhaften Wandel,*
   niedergebeugt wegen ihrer Vergehen.

18 Ihre Kehle ekelte sich vor jeder Speise,*
   schon nahten sie sich den Pforten des Todes.

19 In ihrer Angst schrien sie zum HERRN,*
   und er befreite sie aus ihrer Bedrängnis.

20 Er sandte sein Wort, um sie zu heilen*
   und sie zu retten aus ihrem Verderben.

21 Danken sollen sie dem HERRN für seine Huld,*
   für seine Wundertaten an den Menschen.

22 Dankopfer sollen sie ihm weihen,*
mit Jubel seine Taten erzählen.

23 Andere wieder befuhren mit Schiffen das Meer*
und trieben Handel auf den großen Wassern.

24 Sie schauten dort die Werke des HERRN,*
seine Wunder in der Tiefe.

25 Er gebot und ließ den Sturmwind aufstehn,*
der türmte hoch die Wogen.

26 Sie stiegen zum Himmel empor, /
sanken hinab in den Abgrund,*
so daß ihre Seele vor Not verzagte.

27 Sie tanzten und taumelten wie Betrunkene,*
verschlungen war all ihre Weisheit.

28 In ihrer Angst schrien sie zum HERRN,*
und er führte sie heraus aus ihrer Bedrängnis.

29 Er machte den Sturm zum Säuseln,*
so daß die Wogen des Meeres sich legten.

30 Da freuten sie sich, daß sich die Wogen glätteten*
und er sie zum ersehnten Hafen führte.

31 Danken sollen sie dem HERRN für seine Huld,*
für seine Wundertaten an den Menschen.

32 Sie sollen ihn erheben in der Gemeinde des Volkes,*
ihn loben im Kreise der Alten:

33 »Er macht Ströme zur Wüste,*
   Wasserläufe zur dürstenden Öde,

34 fruchtbares Erdreich zur salzigen Steppe*
   wegen der Bosheit seiner Bewohner.

35 Er macht die Wüste zum Wasserteich,*
   zu Wasserläufen das verdorrte Erdreich.

36 Dort ließ er Hungernde wohnen,*
   die eine wohnliche Stadt errichteten,

37 die Felder bestellten und Weinberge pflanzten*
   und reichen Ertrag an Frucht erzielten.

38 Er segnete sie, und sie vermehrten sich gewaltig,*
   ihren Viehbestand ließ er nicht gering sein.

39 Dann aber wurden sie gering an Zahl und gebeugt*
   unter dem Druck von Unheil und Kummer;

40 denn er goß über die Edlen Verachtung aus,*
   ließ sie umherirren in wegloser Wirrnis.

41 Doch den Armen hob er empor aus dem Elend*
   und machte seine Sippen zahlreich wie eine Herde.«

42 Die Redlichen sehn es und freuen sich,*
   und alle Bosheit muß den Mund verschließen.

43 Wer ist so weise, daß er all dies beachtet,*
   daß er die Liebestaten des HERRN verstehen lernt?

108

Ein Gesang. Ein Davidspsalm.

2 Mein Herz ist bereit, o Gott, /
  ich will singen und spielen,*
  ja, meine Herrlichkeit!

3 Wacht auf, Harfe und Leier!*
  Ich will das Morgenrot wecken.

4 Ich will dich preisen, HERR, unter den Völkern,*
  dir vor den Nationen lobsingen.

5 Denn deine Liebe ist größer als der Himmel,*
  und deine Treue reicht bis zu den Wolken.

6 Erhebe dich über die Himmel, o Gott!*
  Deine Herrlichkeit überstrahle die ganze Erde!

7 Damit gerettet werden, die dir lieb sind,*
  schaff Heil mit deiner Rechten und gib mir Antwort.

8 Gott hat in seinem Heiligtum gesprochen: /
  »Ich will triumphieren, will Sichem verteilen*
  und das Tal von Sukkot vermessen.

9 Mein ist Gilead, mein ist Manasse, /
  Efraim ist der Helm meines Hauptes,*
  Juda ist mein Zepter.

10 Mein Waschbecken aber ist Moab! /
   Auf Edom werf ich meinen Schuh!*
   Über das Philisterland will ich triumphieren!«

11 Wer bringt mich zu der befestigten Stadt?*
   Wer führte mich nach Edom?

12 Wer, wenn nicht Gott, der uns verworfen hat,*
   Gott, der nicht mehr auszieht mit unseren Heeren?

13 Bring uns doch Hilfe gegen den Feind!*
   Denn ein Wahn ist Heil, das durch Menschen kommt.

14 Mit Gott werden wir Heldentaten vollbringen:*
   Er selbst wird unsre Feinde zertreten.

109

Dem Musikmeister. Ein Davidslied. Ein Psalm.

Gott meines Lobes, schweig doch nicht!*
2 Denn der Mund des Frevlers, ein Lügenmaul,
    hat sich gegen mich aufgetan.

Sie reden zu mir mit verlogener Zunge,/
3 sie umgeben mich mit Worten des Hasses*
und bekämpfen mich grundlos.

4 Zum Dank für meine Liebe klagen sie mich an,*
ich aber bete.

5 Sie vergelten mir Gutes mit Bösem,*
mit Haß meine Liebe:

6 »Bestelle wider ihn einen Frevler,*
ein Ankläger trete zu seiner Rechten.

7 Aus dem Gericht gehe er hervor als Schuldiger,*
selbst sein Gebet werde zur Sünde.

8 Nur gering sei die Zahl seiner Tage,*
sein Amt soll ein andrer erhalten.

9 Zu Waisen werden sollen seine Kinder*
und seine Frau zur Witwe.

10 Die Kinder sollen unstet umherziehn und betteln,*
vertrieben aus ihren Trümmern.

11 Ein Wucherer umgarne all seinen Besitz;*
Fremde sollen plündern, was er mühsam erworben.

12 Niemand sei da, der ihm die Liebe erhält,*
und keiner, der seinen Waisen gnädig ist.

13 Seine Nachkommenschaft soll man tilgen,*
schon im folgenden Geschlecht erlösche ihr Name.

14 Der Schuld seiner Väter werde gedacht beim HERRN,*
ungelöscht bleibe die Sünde seiner Mutter.

15 Ihre Vergehen seien dem HERRN immer vor Augen,*
ihr Andenken soll auf Erden getilgt sein.

16 Dachte er doch nie daran, Liebe zu üben: /
er verfolgte den Elenden und den Armen*
und den Verzagten, um ihn zu töten.

17 Er liebte den Fluch – der komme über ihn,*
er verschmähte den Segen – der bleibe ihm ferne.

18 Den Fluch zog er an wie sein Gewand –*
der dringe wie Wasser in seinen Leib, wie Öl in seine Gebeine!

19 Er werde für ihn zum Kleid, in das er sich hüllt,*
zum Gürtel, mit dem er sich allzeit umgürtet.«

20 So treiben es, die mich im Auftrag des HERRN verklagen*
und die so Böses gegen mich reden.

21 Du aber, HERR, mein Herr, /
handle an mir, wie es deinem Namen entspricht!*
Ja, gut ist deine Liebe. – Befreie mich!

22 Denn ich bin elend und arm,*
mein Herz ist im Innersten getroffen.

23 Ich schwinde dahin wie ein Schatten, wenn er sich neigt,*
wie eine Heuschrecke werde ich abgestreift.

24 Meine Knie wanken vom Fasten,*
mein Leib nimmt ab und wird mager.

25 Und ich wurde für sie zum Spott,*
sie schütteln den Kopf, wenn sie mich sehen.

26 Hilf mir, HERR, mein Gott!*
Rette mich kraft deiner Liebe!

27 Sie sollen erkennen, daß deine Hand es war,*
daß du, o HERR, es getan hast.

28 Mögen sie fluchen – du wirst segnen. /
Zu ihrer eigenen Schande haben sie sich erhoben.*
– Dein Knecht aber darf sich freuen.

29 Meine Ankläger müssen sich bekleiden mit Schmach*
und sich in Schande hüllen wie in einen Mantel.

30 Ich will dem HERRN danken mit lauter Stimme,*
inmitten der Menge will ich ihn loben.

31 Denn er steht zur Rechten des Armen,*
um ihn vor seinen Richtern zu retten.

110

Ein Davidslied. Ein Psalm.

So spricht der HERR zu meinem Herrn:*
»Setze dich zu meiner Rechten,

bis ich dir hinlege deine Feinde*
als Schemel für die Füße.«

2 Vom Zion streckt der HERR das Zepter deiner
   Macht aus:*
»Herrsche inmitten deiner Feinde!

3 Dein ist die Herrschaft am Tag deiner Macht*
in heiligem Glanz.

Wie den Tau aus dem Schoß des Morgenrots*
habe ich dich gezeugt.«

4 Geschworen hat der HERR /
und wird es nicht bereuen:*
»Du bist Priester auf ewig nach der Ordnung
   Melchisedeks!«

5 Der Herr steht dir zur Rechten,*
zerschmettert Könige am Tag seines Zorns.

6 Unter den Völkern hält er Gericht, /
er häuft die Toten,*
zerschmettert die Häupter weithin auf Erden.

7 Er trinkt aus dem Bach am Wege,*
so kann er neu das Haupt erheben.

111

1 Halleluja!

Den HERRN will ich feiern von ganzem Herzen,*
im Kreis der Redlichen, in der Gemeinde.

2 Groß sind die Werke des HERRN,*
bedenkenswert für alle, die sie lieben.

3 Hoheit und Pracht ist sein Walten,*
und seine Gerechtigkeit besteht für immer.

4 Ein Gedächtnis seiner Wunder hat er gestiftet,*
der HERR ist barmherzig und gnädig.

5 Speise gab er denen, die ihn fürchten,*
seines Bundes gedenkt er auf ewig.

6 Die Macht seiner Werke hat er seinem Volke kundgetan,*
um ihm das Erbe der Völker zu geben.

7 Die Werke seiner Hände sind treu und gerecht,*
zuverlässig sind alle seine Gebote.

8 Sie stehen fest für immer und ewig,*
geschaffen in Treue und Redlichkeit.

9 Erlösung hat er seinem Volk gesandt,/
seinen Bund bestimmt auf ewige Zeiten.*
Heilig und furchtgebietend ist sein Name.

10 Die Furcht des HERRN ist der Anfang der Weisheit, /
   einsichtig sind alle, die danach handeln.*
   Sein Ruhm wird bestehen für immer.

112

1 Halleluja!

Selig, wer den HERRN fürchtet und ehrt,*
wer sich herzlich freut an seinen Geboten.

2 Seine Nachkommen werden mächtig im Lande,*
Segen ruht auf dem Geschlecht der Redlichen.

3 In seinem Haus ist Wohlstand und Reichtum,*
seine Gerechtigkeit hat Bestand für immer.

4 Den Redlichen erstrahlt im Finstern ein Licht:*
der Gnädige, Barmherzige und Gerechte.

5 Wohl dem, der gnädig ist und gerne ausleiht,*
der das Seine ordnet, wie es recht ist.

6 Ja, er wird nicht wanken in Ewigkeit,*
ewig wird man des Gerechten gedenken.

7 Vor böser Kunde muß er sich nicht fürchten;*
fest ist sein Herz, dem HERRN vertraut es.

8 Sein Herz ist getrost, er fürchtet sich nicht,*
bis er auf seine Bedränger herabsieht.

9 Verschwenderisch gibt er den Armen,/
seine Gerechtigkeit hat Bestand für immer,*
seine Macht ist hoch in Ehren.

10 Der Frevler sieht es voll Unmut,/
er knirscht mit den Zähnen und vergeht.*
Zunichte wird das Begehren der Bösen.

113

Halleluja!

1 Lobet, ihr Knechte des HERRN,*
   lobt den Namen des HERRN!

2 Der Name des HERRN sei gepriesen*
   von nun an bis in Ewigkeit!

3 Vom Aufgang der Sonne bis zu ihrem Untergang*
   wird gelobt der Name des HERRN.

4 Erhaben ist der HERR über alle Völker,*
   über die Himmel seine Herrlichkeit.

5 Wer gleicht dem HERRN, unserm Gott,*
   der oben thront in der Höhe,

6 der in die Tiefe niederschaut*
   auf Himmel und Erde?

7 Den Geringen richtet er auf aus dem Staub,*
   aus dem Schmutz erhebt er den Armen:

8 Er läßt ihn thronen bei Fürsten,*
   bei den Fürsten seines Volkes.

9 Die Kinderlose des Hauses läßt er thronen*
   als frohe Mutter von Kindern.

Halleluja!

114

1 Als Israel aus Ägypten auszog,*
 Jakobs Haus aus dem Volk mit fremder Sprache,

2 da wurde Juda Sein Heiligtum,*
 Israel das Gebiet Seiner Herrschaft.

3 Das Meer sah es und floh erschrocken,*
 der Jordan wandte sich rückwärts.

4 Die Berge hüpften wie Widder,*
 die Hügel wie junge Lämmer.

5 Was ist dir, o Meer, daß du flüchtest,*
 dir, Jordan, daß du rückwärts dich wendest?

6 Ihr Berge, was hüpft ihr wie Widder,*
 ihr Hügel, wie junge Lämmer?

7 Vor dem Antlitz des Herren tanze, du Erde,*
 vor dem Antlitz des Gottes Jakobs,

8 der den Fels zur Wasserflut wandelt*
 und Kieselgestein zu quellendem Wasser.

115

1 Nicht uns, o HERR, nicht uns, /
 nein, deinem Namen gib Ehre*
 um deiner Huld, um deiner Treue willen!

2 Warum sollen die Völker sagen:*
 »Ihr Gott – wo ist er?«

3 Unser Gott ist im Himmel.*
 Alles, was er will, vollbringt er.

4 Ihre Götzen sind Silber und Gold,*
 Machwerk sind sie von Menschenhand.

5 Sie haben einen Mund und reden nicht,*
 sie haben Augen und sehen nicht,

6 sie haben Ohren und hören nicht,*
 sie haben eine Nase und riechen nicht,

7 ihre Hände, sie tasten nicht, /
 ihre Füße, sie gehen nicht,*
 nichts bringen sie hervor mit ihrer Kehle.

8 Es werden ihnen gleichen, die sie machen,*
 alle, die auf sie vertrauen.

9 Israel, vertrau auf den HERRN!*
 Er ist euch Schild und Hilfe.

10 Haus Aaron, vertrau auf den HERRN!*
 Er ist euch Schild und Hilfe.

11 Die ihr IHN fürchtet, vertraut auf den HERRN!*
   Er ist euch Schild und Hilfe.

12 Der HERR hat unser gedacht, er wird uns segnen: /
   segnen wird er das Haus Israel,*
   segnen wird er das Haus Aaron,

13 segnen wird er, die IHN fürchten,*
   die Kleinen wie die Großen.

14 Der HERR möge euch mehren,*
   euch und eure Kinder!

15 Gesegnet seid ihr vom HERRN,*
   der Himmel und Erde gemacht hat.

16 Der Himmel ist der Himmel des HERRN,*
   die Erde aber gab er den Menschen.

17 Tote können den HERRN nicht mehr loben,*
   keiner, der ins Schweigen hinabsteigt.

18 Wir aber, wir preisen den HERRN*
   von nun an bis in Ewigkeit!

   Halleluja!

116

1 Ich liebe, /
  denn der HERR hat gehört,*
  er hat gehört meine Stimme, mein Flehen.

2 Ja, er neigte mir sein Ohr,*
  darum rufe ich zu ihm all meine Tage.

3 Mich umfingen Fesseln des Todes, /
  Drangsal der Unterwelt befiel mich,*
  ich erfuhr Bedrängnis und Kummer.

4 Da rief ich den Namen des HERRN an:*
  »Ach HERR, rette mein Leben!«

5 Gnädig ist der HERR und gerecht,*
  unser Gott ist voll Erbarmen.

6 Der HERR behütet die schlichten Herzen.*
  Ich war schwach und gering, – er brachte mir Hilfe.

7 Komm wieder zur Ruh', meine Seele!*
  Denn der HERR hat dir Gutes erwiesen.

8 Ja, du hast mein Leben dem Tode entrissen,*
  mein Auge den Tränen, meinen Fuß dem Straucheln.

9 So gehe ich meinen Weg vor dem HERRN*
  im Lande der Lebenden.

10 Ich glaube, /
   auch wenn ich sagen muß:*
   »Ich war zutiefst erniedrigt,

11 ich sagte, als ich in Bedrängnis war:*
   Die Menschen lügen alle!«

12 Wie kann ich dem HERRN vergelten*
   all das Gute, das er mir erwiesen?

13 Den Kelch des Heils will ich erheben,*
   ausrufen will ich den Namen des HERRN.

14 Meine Gelübde will ich dem HERRN erfüllen*
   vor seinem ganzen Volke.

15 Teuer ist in den Augen des HERRN*
   der Tod seiner Frommen.

16 Ach HERR, ich bin doch dein Knecht! /
   Dein Knecht bin ich, der Sohn deiner Magd!*
   Gelöst hast du meine Fesseln.

17 Das Opfer des Lobes will ich dir bringen,*
   ausrufen will ich den Namen des HERRN.

18 Meine Gelübde will ich dem HERRN erfüllen*
   vor seinem ganzen Volke,

19 in den Höfen am Hause des HERRN,*
   in deiner Mitte, Jerusalem.

   Halleluja!

117

1 Lobet den HERRN, alle Völker,*
preist ihn, alle Nationen!

2 Denn mächtig waltet über uns seine Huld,*
die Treue des HERRN währt in Ewigkeit.

Halleluja!

118

1 Danket dem HERRN, denn er ist gütig!*
  Denn seine Huld währt ewig!

2 So sage denn Israel:*
  Denn seine Huld währt ewig!

3 So sage das Haus Aaron:*
  Denn seine Huld währt ewig!

4 So sollen sagen, die den HERRN fürchten und ehren:*
  Denn seine Huld währt ewig!

5 Aus der Bedrängnis rief ich zum HERRN.*
  Der HERR erhörte mich und führte mich ins Weite.

6 Der HERR ist für mich, ich fürchte mich nicht:*
  Was können Menschen mir antun?

7 Der HERR ist für mich, er ist mein Helfer:*
  Ich kann auf meine Hasser herabsehn.

8 Besser, sich zu bergen beim HERRN,*
  als auf Menschen zu bauen.

9 Besser, sich zu bergen beim HERRN,*
  als auf Fürsten zu bauen.

10 Die Völker alle umringten mich,*
   im Namen des HERRN schlug ich sie nieder.

11 Sie umringten, ja sie umringten mich,*
   im Namen des HERRN schlug ich sie nieder.

12 Sie umringten mich wie Bienen, /
   sie verloschen wie ein Feuer im Dorngestrüpp:*
   im Namen des HERRN schlug ich sie nieder.

13 Man stieß mich hart, auf daß ich fiele,*
   der HERR aber hat mir geholfen.

14 Meine Stärke und mein Lied ist der HERR,*
   er ist mir zum Retter geworden.

15 Hört! Welch ein Jubel der Rettung*
   in den Zelten der Gerechten:

   »Die Rechte des HERRN hat machtvoll gehandelt! /
16 Die Rechte des HERRN hat erhöht!*
   Die Rechte des HERRN hat machtvoll gehandelt!«

17 Ich sterbe nicht, ich lebe,*
   die Taten des HERRN zu erzählen.

18 Hart hat mich der HERR gezüchtigt,*
   doch mich dem Tod nicht überlassen.

19 Öffnet mir die Tore der Gerechtigkeit!*
   Eintreten will ich, dem HERRN zu danken.

20 »Dies ist das Tor zum HERRN,*
   Gerechte dürfen hier einziehn.«

21 Ich will dir danken, denn du hast mich erhört,*
   du bist mir zum Retter geworden.

22 Der Stein, den die Erbauer verwarfen,*
   er ist zum Eckstein geworden.

23 Vom HERRN her ist dieses geschehen:*
   ein Wunder in unseren Augen.

24 Das ist der Tag, den der HERR gemacht hat:*
   Laßt uns frohlocken und seiner uns freuen!

25 HERR, o bring doch Rettung!*
   HERR, o gib doch Gelingen!

26 Gesegnet sei, der da kommt im Namen des HERRN! /
   Wir segnen euch vom Haus des HERRN her.*
27 Der HERR ist Gott, er ist uns aufgestrahlt.

   Mit Zweigen in Händen schlingt den Reigen*
   bis zu den Hörnern des Altares!

28 Mein Gott bist du, dir will ich danken,*
   mein Gott, dich will ich erheben.

29 Danket dem HERRN, denn er ist gütig!*
   Denn seine Huld währt ewig!

119 I

Alef

1 Selig, deren Weg ohne Tadel ist,*
 die wandeln nach der Weisung des HERRN.

2 Selig, die seine Zeugnisse wahren,*
 die ihn von ganzem Herzen suchen,

3 die kein Unrecht verübten*
 und auf seinen Wegen gehn.

4 Du hast deine Befehle entboten,*
 daß man sie ernsthaft beachte.

5 Wären doch meine Wege darin beständig,*
 auf deine Gesetze zu achten.

6 Ich werde nicht zuschanden,*
 wenn ich auf all deine Gebote schaue.

7 Ich will dir danken mit lauterem Herzen,*
 wenn ich deine gerechten Entscheide lerne.

8 Ich will auf deine Gesetze achten.*
 Laß mich doch niemals im Stich!

119 II

BET

9 Wie geht ein junger Mensch seinen Pfad ohne Makel?*
   Wenn er dein Wort beachtet!

10 Ich suche dich mit ganzem Herzen.*
   Laß mich nicht abirren von deinen Geboten!

11 Ich berge deine Verheißung im Herzen,*
   damit ich gegen dich nicht sündige.

12 Sei gepriesen, o HERR!*
   Lehre mich deine Gesetze!

13 Mit meinen Lippen hab ich verkündet*
   alle Entscheide deines Mundes.

14 Deinen Zeugnissen zu folgen, freut mich*
   wie jeglicher Reichtum.

15 Nachsinnen will ich über deine Befehle*
   und schauen auf deine Pfade.

16 Ich ergötze mich an deinen Gesetzen,*
   dein Wort vergesse ich nicht.

119 III

GIMEL

17 Handle an deinem Knecht, so werde ich leben!*
   Ich will dein Wort beachten.

18 Meine Augen öffne mir,*
   daß ich die Wunder deiner Weisung schaue.

19 Ich bin nur Gast auf Erden.*
   Verbirg mir deine Gebote nicht!

20 Meine Seele verzehrt sich allezeit*
   in Sehnsucht nach deinen Entscheiden.

21 Den Stolzen drohtest du:*
   verflucht ist, wer von deinen Geboten abirrt.

22 Wälze von mir Schmach und Verachtung!*
   Denn deine Zeugnisse hab ich bewahrt.

23 Säßen auch gegen mich Fürsten zu Rate –*
   dein Knecht sinnt über deine Gesetze nach.

24 Deine Bezeugungen sind mein Ergötzen,*
   sie sind mir Berater.

119 IV

Dalet

25 Am Staub klebt meine Seele.*
   Belebe mich nach deinem Wort!

26 Ich habe dir mein Geschick erzählt, und du
       gabst mir Antwort.*
   Lehre mich deine Gesetze!

27 Den Weg deiner Befehle laß mich begreifen,*
   und ich will nachsinnen über deine Wunder.

28 Die Seele zerfließt mir vor Kummer.*
   Richte mich auf nach deinem Wort!

29 Vom Weg des Trugs halte mich fern!*
   Begnade mich mit deiner Weisung!

30 Den Weg der Treue hab ich erwählt;*
   ich stellte mir deine Entscheide vor Augen.

31 An deinen Zeugnissen halt ich mich fest.*
   Laß mich nicht zuschanden werden, o Herr!

32 Ich eile voran auf dem Weg deiner Gebote,*
   denn mein Herz machst du weit.

119 V

He

33 HERR, weise mir den Weg deiner Gesetze!*
Ich will ihn wahren bis ans Ende.

34 Gib mir Einsicht, daß ich deine Weisung bewahre*
und auf sie achte mit ganzem Herzen!

35 Führe mich auf den Pfad deiner Gebote!*
Denn an ihm habe ich Gefallen.

36 Zu deinen Bezeugungen neige mein Herz,*
und nicht zur Habgier!

37 Wende meine Augen ab, daß sie nicht schauen nach Nichtigem!*
Auf deinem Weg belebe mich!

38 Erfülle deinem Knecht deine Verheißung,*
wie es denen zukommt, die dich fürchten!

39 Wende die Schmach von mir ab, vor der mir graut!*
Fürwahr, gut sind deine Entscheide.

40 Siehe, mich verlangt nach deinen Befehlen.*
Belebe mich durch deine Gerechtigkeit.

119 VI

Waw

41 HERR, es komme zu mir deine Liebe*
und dein Heil, nach deiner Verheißung.

42 Dann habe ich für den, der mich schmäht,
eine Antwort,*
denn auf dein Wort vertraue ich.

43 Entziehe niemals meinem Mund das Wort
der Wahrheit!*
Denn ich harre deiner Entscheide.

44 Beständig will ich deine Weisung beachten,*
für immer und ewig.

45 Ich schreite aus ins Weite,*
denn ich frage nach deinen Befehlen.

46 Von deinen Zeugnissen will ich vor Königen reden,*
und ich werde nicht in Schande geraten.

47 Ich ergötze mich an deinen Geboten:*
ich liebe sie!

48 Ich erhebe meine Hände zu deinen Geboten,
die ich liebe;*
nachsinnen will ich über deine Gesetze.

119 VII

Sajin

49 Gedenke des Wortes an deinen Knecht,*
   durch das du mir Hoffnung gabst!

50 Dies ist mein Trost im Elend:*
   Deine Verheißung hält mich am Leben.

51 Die Stolzen haben mich maßlos verspottet,*
   doch bin ich nicht abgewichen von deiner Weisung.

52 Ich gedachte deiner Entscheide von ehedem,*
   o HERR, ich fand meinen Trost darin.

53 Wut packte mich wegen der Frevler,*
   da sie deine Weisung verließen.

54 Zu Liedern wurden mir deine Gesetze*
   im Haus meiner Pilgerschaft.

55 Des Nachts, o HERR, gedachte ich deines Namens,*
   und ich achtete auf deine Weisung.

56 Dies wurde mir zuteil,*
   denn ich bewahrte deine Befehle.

119 VIII

CHET

57 Ich habe gesprochen: »O HERR!*
   Mein Anteil ist's, auf deine Worte zu achten.«

58 Ich warb um deine Gunst von ganzem Herzen:*
   »Begnade mich mit deiner Verheißung!«

59 Ich überdachte meine Wege,*
   zu deinen Zeugnissen wandte ich meine Schritte.

60 Ich eilte und säumte nicht:*
   deine Gebote will ich beachten.

61 Die Stricke der Frevler umfingen mich,*
   doch deine Weisung hab ich nicht vergessen.

62 Um Mitternacht stehe ich auf, dich zu preisen*
   wegen deiner gerechten Entscheide.

63 Genosse bin ich allen, die dich fürchten,*
   allen, die deine Befehle beachten.

64 Von deiner Liebe, o HERR, ist die Erde erfüllt.*
   Lehre mich deine Gesetze!

119 IX

TET

65 Gutes hast du deinem Knecht erwiesen*
nach deinem Wort, o HERR.

66 Lehre mich das Gut des Verkostens
    und des Erkennens!*
Denn ich habe deinen Geboten geglaubt.

67 Ehe ich gedemütigt wurde, ging ich in die Irre;*
nun aber achte ich auf deine Verheißung.

68 Du bist gut und tust Gutes.*
Lehre mich deine Gesetze!

69 Stolze haben mich beschmutzt mit ihren Lügen,*
ich aber bewahre von ganzem Herzen deine Befehle.

70 Ihr Herz ist fühllos wie Fett,*
ich aber ergötze mich an deiner Weisung.

71 Daß ich gedemütigt wurde, ist für mich gut,*
denn so lerne ich deine Gesetze.

72 Gut ist für mich die Weisung deines Mundes,*
mehr als Haufen von Gold und Silber.

119 X

JOD

73 Deine Hände haben mich gemacht und hingestellt.*
Gib mir Einsicht, daß ich deine Gebote lerne.

74 Wer dich fürchtet, wird mich sehn und sich freuen,*
denn ich harre auf dein Wort.

75 Ich habe erkannt, o HERR, daß deine Entscheide gerecht sind*
und daß es Treue war, wenn du mich beugtest.

76 Deine Liebe werde mir zum Trost,*
gemäß deiner Verheißung an deinen Knecht.

77 Dein Erbarmen komme zu mir, damit ich lebe;*
denn deine Weisung ist mein Ergötzen.

78 Schande über die Stolzen, die mich ohne Grund unterdrücken!*
Ich sinne nach über deine Befehle.

79 Mir sollen sich zuwenden, die dich fürchten*
und die deine Zeugnisse kennen.

80 Untadelig werde mein Herz durch deine Gesetze,*
damit ich nicht in Schande gerate.

119 XI

Kaf

81 Meine Seele verzehrt sich nach deinem Heil;*
ich harre deines Wortes.

82 Meine Augen verzehren sich nach deiner Verheißung,*
sie fragen: »Wann wirst du mich trösten?«

83 Ich bin wie ein Schlauch, der im Rauch hängt,*
doch deine Gesetze hab ich nicht vergessen.

84 Wie viele Tage bleiben deinem Knecht?*
Wann fällst du die Entscheidung über meine Verfolger?

85 Stolze hoben mir eine Grube aus,*
sie, die nicht nach deiner Weisung leben.

86 Treue sind alle deine Gebote.*
Ohne Grund verfolgt man mich. Komm mir zu Hilfe!

87 Fast hätte man mich von der Erde getilgt;*
dennoch habe ich deine Befehle nicht verlassen.

88 Belebe mich, wie es deiner Liebe entspricht,*
damit ich das Zeugnis deines Mundes beachte.

119 XII

LAMED

89 HERR, dein Wort bleibt auf ewig,*
fest steht es im Himmel.

90 Geschlecht um Geschlecht währt deine Treue.*
Du hast die Erde hingestellt, sie bleibt bestehen.

91 Deine Entscheide, sie bestehen noch heute:*
alles steht dir zu Diensten.

92 Wäre nicht deine Weisung mein Ergötzen,*
ich wäre zugrunde gegangen in meinem Elend.

93 Niemals werde ich deine Befehle vergessen,*
denn durch sie gabst du mir Leben.

94 Ich bin dein, errette mich!*
Denn ich frage nach deinen Befehlen.

95 Frevler lauerten mir auf, mich zu vernichten.*
Auf deine Bezeugungen will ich bedacht sein.

96 Ich sah die Grenze aller Vollendung,*
dein Gebot aber ist von unendlicher Weite.

119 XIII

MEM

97 Wie lieb ist mir deine Weisung,*
den ganzen Tag ist sie mein Sinnen.

98 Dein Gebot macht mich weiser als meine Feinde,*
ja, es ist mein auf ewig.

99 Ich wurde klüger als all meine Lehrer,*
denn deine Zeugnisse sind mein Sinnen.

100 Mehr Einsicht hab ich als die Alten,*
denn ich bewahre deine Befehle.

101 Ich hielt meine Füße zurück von jedem bösen Pfade,*
um dein Wort zu beachten.

102 Ich wich nicht ab von deinen Entscheiden,*
du hattest mich ja selbst unterwiesen.

103 Wie süß ist meinem Gaumen deine Verheißung,*
meinem Mund ist sie süßer als Honig.

104 Aus deinen Befehlen gewinne ich Einsicht,*
darum hasse ich jeden Pfad der Lüge.

119 XIV

Nun

105 Dein Wort ist meinem Fuß eine Leuchte,*
ein Licht für meinen Pfad.

106 Ich tat einen Schwur und halte ihn aufrecht:*
Ich will achten auf deine gerechten Entscheide.

107 Ganz tief bin ich gebeugt.*
HERR, belebe mich nach deinem Wort!

108 Nimm das Lobopfer meines Mundes gnädig an!*
HERR, lehre mich deine Entscheide!

109 Mein Leben ist ständig in Gefahr,*
doch deine Weisung hab ich nicht vergessen.

110 Frevler legten mir eine Schlinge;*
ich aber irrte nicht ab von deinen Befehlen.

111 Deine Zeugnisse hab ich zum Erbe empfangen
   auf ewig,*
ja, sie sind meines Herzens Frohlocken.

112 Ich machte mein Herz bereit, deine Gesetze zu erfüllen*
auf ewig, bis ans Ende.

119 XV

SAMECH

113 Zwiespältige sind mir verhaßt,*
doch deine Weisung liebe ich.

114 Du bist mein Schutz und mein Schild,*
ich harre auf dein Wort.

115 Weicht von mir, ihr Bösen!*
Ich will die Gebote meines Gottes bewahren.

116 Stütze mich nach deiner Verheißung, dann werde
   ich leben!*
Laß mich nicht zuschanden werden mit meiner
   Hoffnung!

117 Halte mich, dann werde ich gerettet!*
Ich will beständig auf deine Gesetze schauen.

118 Du verachtest alle, die abirren von deinen Gesetzen;*
ihr Trugwerk ist Lüge.

119 Wie Schlacke räumtest du weg die Frevler des Landes.*
Darum habe ich deine Zeugnisse lieb.

120 Der Schrecken vor dir läßt mein Fleisch erschauern,*
wegen deiner Entscheide empfinde ich Ehrfurcht.

119 XVI

Ajin

121 Ich übte Recht und Gerechtigkeit:*
überlaß mich nicht meinen Bedrückern!

122 Verbürge dich für das Wohl deines Knechtes,*
damit die Stolzen mich nicht unterdrücken!

123 Meine Augen verzehren sich nach deinem Heil,*
nach der Verheißung deiner Gerechtigkeit.

124 Handle an deinem Knecht nach deiner Liebe*
und lehre mich deine Gesetze.

125 Ich bin dein Knecht. Gib mir Einsicht,*
damit ich deine Zeugnisse erkenne.

126 O HERR, es ist Zeit zu handeln!*
Sie haben deine Weisung aufgelöst.

127 Darum liebe ich deine Gebote*
mehr als Gold und Feingold.

128 Darum halte ich alle deine Befehle für gerade.*
Ich hasse jeden Pfad der Lüge.

119 XVII

Pe

129 Deine Zeugnisse sind wunderbar;*
darum bewahrt sie meine Seele.

130 Die Eröffnung deiner Worte erleuchtet,*
den Einfältigen gibt sie Einsicht.

131 Ich riß den Mund auf und lechzte,*
denn ich sehnte mich nach deinen Geboten.

132 Wende dich zu mir und sei mir gnädig,*
gemäß deiner Entscheidung für die, die deinen Namen lieben.

133 Festige meine Schritte durch deine Verheißung!*
Laß nichts Böses über mich herrschen.

134 Erlöse mich von der Bedrückung durch Menschen,*
dann will ich deine Befehle beachten.

135 Laß dein Angesicht leuchten für deinen Knecht*
und lehre mich deine Gesetze!

136 Wasserbäche entströmten meinen Augen,*
weil man deine Weisung nicht beachtete.

119 XVIII

Zade

137 Herr, du bist gerecht,*
und gerade sind deine Entscheide.

138 Du hast deine Zeugnisse entboten in Gerechtigkeit*
und in großer Treue.

139 Mein Eifer hat mich verzehrt,*
weil meine Gegner deine Worte vergaßen.

140 Durch und durch lauter ist deine Verheißung,*
dein Knecht hat sie lieb.

141 Ich bin gering und verachtet,*
doch deine Befehle hab ich nicht vergessen.

142 Deine Gerechtigkeit ist auf ewig Gerechtigkeit,*
deine Weisung ist Wahrheit.

143 Mich trafen Not und Bedrängnis,*
doch deine Gebote sind mein Ergötzen.

144 Deine Bezeugungen sind auf ewig gerecht.*
Gib mir Einsicht, damit ich lebe!

119 XIX

Kof

145 Ich rief von ganzem Herzen: »HERR, gib mir Antwort!*
Deine Gesetze will ich bewahren.«

146 Ich rief zu dir: »Errette mich!*
Und ich werde auf deine Bezeugungen achten.«

147 Schon beim Morgengrauen kam ich und flehte,*
auf deine Worte harrte ich;

148 den Nachtwachen kamen meine Augen zuvor,*
um nachzusinnen über deine Verheißung.

149 Höre auf mein Rufen, wie es deiner Liebe entspricht.*
HERR, belebe mich nach deinen Entscheiden!

150 Es nahten sich, die auf Schändliches aus sind,*
fern sind sie deiner Weisung.

151 Doch du bist nahe, HERR,*
und alle deine Gebote sind Wahrheit.

152 Aus deinen Zeugnissen hab ich seit langem erkannt,*
daß du sie für ewig bestimmt hast.

119 XX

RESCH

153 Sieh mein Elend an und befreie mich,*
   denn ich habe deine Weisung nicht vergessen!

154 Führe meine Sache und löse mich aus,*
   belebe mich nach deiner Verheißung!

155 Fern ist das Heil den Frevlern;*
   denn sie fragen nicht nach deinen Gesetzen.

156 HERR, groß ist dein Erbarmen,*
   belebe mich nach deinen Entscheiden!

157 Groß war die Zahl meiner Verfolger und Gegner,*
   doch von deinen Zeugnissen wich ich nicht ab.

158 Treulose sah ich, und mich faßte Abscheu,*
   weil sie deine Verheißung nicht achten.

159 Schau doch, wie ich deine Befehle liebe!*
   HERR, belebe mich, wie es deiner Liebe entspricht!

160 Die Summe deines Wortes ist Wahrheit,*
   jeder deiner gerechten Entscheide hat auf ewig Bestand.

119 XXI

Schin

161 Fürsten verfolgten mich grundlos,*
doch mein Herz erbebt nur vor deinem Wort.

162 Ich frohlocke über deine Verheißung*
wie einer, der reiche Beute fand.

163 Ich hasse die Lüge, sie ist mir ein Greuel,*
doch deine Weisung hab ich lieb.

164 Siebenmal am Tag singe ich dein Lob*
wegen deiner gerechten Entscheide.

165 Die deine Weisung lieben, empfangen Frieden in Fülle;*
es gibt für sie kein Straucheln.

166 HERR, ich hoffe auf dein Heil*
und ich erfülle deine Gebote.

167 Auf deine Zeugnisse hat meine Seele geachtet,*
und ich liebe sie sehr.

168 Auf deine Befehle und Zeugnisse hab ich geachtet,*
ja, all meine Wege liegen offen vor dir.

119 XXII

Taw

169 HERR, zu dir dringe mein Schreien:*
Gib mir Einsicht getreu deinem Wort!

170 Vor dich komme mein Flehen:*
Reiß mich heraus getreu deiner Verheißung!

171 Meine Lippen sollen überströmen von Lobpreis,*
denn du lehrst mich deine Gesetze.

172 Meine Zunge soll deine Verheißungen singen,*
denn deine Gebote sind alle gerecht.

173 Deine Hand werde mir zur Hilfe,*
denn ich habe deine Befehle erwählt.

174 HERR, mich verlangt nach deinem Heil;*
deine Weisung ist mein Ergötzen.

175 Meine Seele möge leben und dich loben!*
Deine Entscheide mögen mir helfen.

176 Ich bin verirrt wie ein verlorenes Schaf. /
Suche deinen Knecht!*
Denn deine Gebote hab ich nicht vergessen.

120

Ein Wallfahrtsgesang.

Ich rief zum HERRN in meiner Bedrängnis,*
und er hat mich erhört.
2 Rette mich, HERR, vor lügnerischen Lippen*
und vor der falschen Zunge.
3 Was soll er dir antun, was fügt er dir zu,*
du falsche Zunge?
4 Pfeile des Kriegers,*
in Ginsterkohlenglut geschärft!
5 Weh mir, daß ich als Fremdling weilen muß
  in Meschech, /
daß ich wohnen muß bei den Zelten von Kedar.*
6 Schon allzu lange hab ich dort gewohnt.
7 Mit denen, die den Frieden hassen, halte ich Frieden.*
Doch ich brauch nur zu reden, schon wollen sie Krieg.

121

Ein Gesang für Wallfahrten.

Ich hebe meine Augen auf zu den Bergen:*
Woher kommt mir Hilfe?

2 Hilfe kommt mir vom HERRN,*
der Himmel und Erde gemacht hat.

3 Er läßt deinen Fuß nicht wanken,*
der dich behütet, schläft nicht.

4 Wahrlich, der Hüter Israels,*
er schläft und schlummert nicht.

5 Der HERR ist dein Hüter!*
Der HERR ist dein Schatten zu deiner Rechten!

6 Bei Tag kann dir die Sonne nicht schaden*
und nicht der Mond in der Nacht.

7 Der HERR behütet dich vor allem Unheil,*
er behütet dein Leben.

8 Der HERR behütet dein Gehen und dein Kommen*
von nun an auf ewig.

122

Ein Wallfahrtsgesang. Ein Davidslied.

Welche Freude, da man mir sagte:*
»Wir ziehen zum Haus des Herrn!«

2 Schon stehen unsre Füße in deinen Toren, Jerusalem:*
3 Jerusalem, als Stadt erbaut, die fest in sich gefügt ist.

4 Dort ziehen die Stämme hinauf, die Stämme
   des Herrn, /
den Namen des Herrn zu preisen,*
wie es Gebot ist für Israel.

5 Denn dort stehen Throne zum Gericht,*
die Throne des Hauses David.

6 Erbittet für Jerusalem Frieden!*
Geborgen seien, die dich lieben!

7 Friede sei in deinen Mauern,*
Geborgenheit in deinen Häusern!

8 Wegen meiner Brüder und meiner Freunde*
will ich sagen: »Friede sei mit dir!«

9 Wegen des Hauses des Herrn, unsres Gottes,*
will ich Glück erbitten für dich.

123

Ein Wallfahrtsgesang.

Ich erhebe meine Augen zu dir,*
der du thronst im Himmel.

2 Siehe, wie die Augen der Knechte auf die Hand ihrer Herren,*
wie die Augen der Magd auf die Hand ihrer Herrin,

so blicken unsere Augen auf den Herrn, unsern Gott,*
bis er uns gnädig ist.

3 Sei uns gnädig, o Herr, sei uns gnädig,*
denn übersatt sind wir des Hohns!

4 Über und über satt ist unser Herz*
von der Selbstsicheren Spott, vom Hohn der Stolzen.

124

Ein Wallfahrtsgesang. Ein Davidslied.

Wäre da nicht der Herr gewesen, der uns beistand,*
– so soll Israel sprechen! –

2 wäre da nicht der Herr gewesen, der uns beistand,*
als Menschen sich gegen uns erhoben,

3 dann hätten sie uns lebendig verschlungen,*
als gegen uns ihr Zorn entbrannte;

4 dann hätten die Wasser uns überflutet,*
dann hätte sich über uns ein Wildbach ergossen,

5 dann hätten sich über uns ergossen*
die wilden und wogenden Wasser.

6 Gepriesen sei der Herr!*
Er gab uns ihren Zähnen nicht zur Beute.

7 Wir sind entwichen wie ein Vogel aus dem Netz des Jägers,*
das Netz ist zerrissen, und wir sind entwischt!

8 Unsere Hilfe ist im Namen des Herrn,*
der Himmel und Erde gemacht hat.

125

Ein Wallfahrtsgesang.

Die auf den HERRN vertraun, sind wie der Zionsberg:*
niemals wankt er, er bleibt auf ewig!

2 Wie Berge Jerusalem rings umgeben,*
so ist der HERR um sein Volk, von nun an auf ewig.

3 Wahrlich, das Zepter der Bosheit*
soll nicht lasten auf dem Erbland der Gerechten,

damit nicht auch die Gerechten*
die Hand ausstrecken nach dem Unrecht.

4 Tu Gutes, o HERR, den Guten,*
denen, die redlichen Herzens sind.

5 Doch wer auf krumme Wege abbiegt, /
den lasse der HERR mit den Übeltätern davongehn!*
Friede über Israel!

126

Ein Wallfahrtsgesang.

Als der Herr das Los der Gefangenschaft Zions
  wendete,*
da waren wir wie Träumende.

2 Da war unser Mund voll Lachen*
und unsere Zunge voll Jauchzen.

Da sagte man unter den Völkern:*
»Groß hat der Herr an ihnen gehandelt!«

3 Ja, groß hat der Herr an uns gehandelt.*
Da waren wir fröhlich.

4 Wende doch, Herr, unser Geschick,*
wie du die Trockentäler füllst im Südland.

5 Die mit Tränen säen,*
sie werden ernten mit Jauchzen.

6 Sie gehen, sie gehen und weinen*
und tragen den Samen zur Aussaat.

Sie kommen, ja kommen mit Jauchzen*
und tragen ihre Garben.

127

Ein Wallfahrtsgesang. Ein Salomolied.

Baut nicht der Herr das Haus,*
mühn sich umsonst, die daran bauen.

·Hütet der Herr nicht die Stadt,*
wacht umsonst, der sie behütet.

2 Umsonst ist es, daß ihr früh euch erhebt /
und spät euch hinsetzt, das Brot der Mühsal zu essen:*
ebensoviel gibt er seinem Geliebten im Schlafe.

3 Seht, ein Erbteil vom Herrn sind Söhne,*
eine Belohnung die Frucht des Leibes.

4 Wie Pfeile in der Hand des Kriegers /
sind Söhne aus der Zeit der Jugend.*
5 Selig der Mann, der mit ihnen den Köcher gefüllt hat!

Sie werden nicht beschämt,*
wenn sie mit ihren Feinden rechten im Tore.

128

Ein Wallfahrtsgesang.

Selig, wer den HERRN ehrt und fürchtet,*
wer auf seinen Wegen geht!

2 Was deiner Hände Mühe dir erwarb, /
du kannst es genießen.*
Wohl dir! Es wird dir gut gehn!

3 Deine Frau ist wie ein fruchtbarer Weinstock*
im Innern deines Hauses.

Deine Kinder sind wie Sprossen des Ölbaums*
rings um deinen Tisch herum.

4 Fürwahr, so wird der Mann gesegnet,*
der den HERRN ehrt und ihn fürchtet.

5 Es segne dich der HERR vom Zion her:*
Du sollst dein Leben lang das Glück Jerusalems schauen;

6 du sollst die Kinder deiner Kinder sehn.*
Friede über Israel!

129

Ein Wallfahrtsgesang.

Sie haben mich oft bedrängt seit meiner Jugend,*
– so soll Israel sprechen! –

2 sie haben mich oft bedrängt seit meiner Jugend,*
bezwingen aber konnten sie mich nicht.

3 Auf meinem Rücken pflügten Pflüger,*
sie zogen ihre langen Furchen.

4 Der HERR ist gerecht!*
Er hat den Strick der Frevler zerhauen.

5 Zurückweichen müssen und vor Scham erröten*
alle, die Zion hassen.

6 Sie gleichen dem Gras auf den Dächern:*
noch eh' man es ausreißt, ist es verdorrt,

7 mit ihm füllt sich kein Schnitter die Hände,*
kein Garbenbinder den Arm.

8 Und keiner, der vorübergeht, wird sagen: /
»Der Segen des HERRN sei mit euch!« –*
Wir segnen euch im Namen des HERRN.

130

Ein Wallfahrtsgesang.

Aus der Tiefe rufe ich, Herr, zu dir, /
2 höre, o Herr, meine Stimme,*
laß deine Ohren achten auf mein lautes Flehn!

3 Wolltest du, Herr, die Sünden beachten,*
Herr, wer könnte bestehn?

4 Doch bei dir ist Vergebung,*
daß man in Ehrfurcht dir diene.

5 Ich hoffe auf den Herrn, /
es hofft meine Seele,*
ich harre auf sein Wort.

6 Mehr als den Morgen die Wächter*
ersehnt meine Seele den Herrn.

Mehr als den Morgen die Wächter*
7 erwarte Israel den Herrn!

Denn beim Herrn ist die Liebe,*
bei ihm ist Erlösung in Fülle.

8 Ja, er wird Israel erlösen*
von all seinen Sünden!

131

Ein Wallfahrtsgesang. Ein Davidslied.

O Herr, mein Herz überhebt sich nicht,*
und meine Augen erheben sich nicht stolz.

Ich gehe nicht um mit großen Dingen,*
mit Dingen, die mir nicht begreiflich sind.

2 Nein, ich ließ meine Seele ruhig werden und still. /
Wie ein gestilltes Kind bei der Mutter,*
so ist in mir meine Seele gestillt.

3 Israel, harre des Herrn*
von nun an auf ewig.

132

Ein Wallfahrtsgesang.

O Herr, denke an David,*
an all die Mühe, die er auf sich nahm,

2 wie er dem Herrn geschworen,*
dem Starken Jakobs gelobt hat:

3 »Nicht will ich mein Zelt betreten,*
nicht zum Ruhen mein Lager besteigen,

4 nicht Schlaf den Augen gönnen*
noch Schlummer den Lidern,

5 bis ich für den Herrn eine Stätte gefunden,*
eine Wohnung für den Starken Jakobs.«

6 Siehe, in Efrata hörten wir von seiner Lade,*
wir fanden sie im Gefilde von Jaar.

7 Laßt uns zu seiner Wohnung ziehen,*
uns niederwerfen am Schemel seiner Füße!

8 Herr, mache dich auf zum Ort deiner Ruhe,*
du und deine machtvolle Lade!

9 Deine Priester sollen sich in Gerechtigkeit kleiden,*
deine Frommen sollen jauchzen!

10 Um Davids willen, deines Knechtes,*
weise nicht ab das Antlitz deines Gesalbten!

11 Der HERR hat David geschworen,*
wahrhaftig, nie wird er davon abgehn:

»Einen Sproß deines Leibes*
setze ich auf den Thron, der dir verliehen ist.

12 Wenn deine Söhne meinen Bund bewahren,*
meine Gebote, die ich sie lehre,

dann sollen auch ihre Söhne*
für immer auf deinem Throne sitzen.«

13 Ja, der HERR hat sich den Zion erkoren,*
er begehrte ihn für sich zum Wohnsitz:

14 »Dies ist für immer der Ort meiner Ruhe;*
ihn hab ich begehrt, hier will ich wohnen.

15 Seine Nahrung will ich reichlich segnen,*
mit Brot seine Armen sättigen.

16 Seine Priester will ich kleiden in Heil,*
seine Frommen sollen jubeln und jauchzen!

17 Dort bringe ich Davids Macht zum Sprießen.*
Meinem Gesalbten habe ich eine Leuchte bereitet.

18 Ich kleide seine Feinde in Schande,*
doch auf ihm wird seine Krone erglänzen.«

133

Ein Wallfahrtsgesang. Ein Davidslied.

Seht doch, wie gut es ist und wie schön,*
wenn Brüder beieinander wohnen in Eintracht!

2 Es ist wie köstliches Öl auf dem Haupt, /
das niedertrieft auf den Bart, den Bart des Aaron,*
das niedertrieft auf den Saum seiner Gewänder.

3 Es ist wie der Tau des Hermon,*
der niedertrieft auf die Höhen des Zion.

Denn dorthin entbietet der HERR den Segen:*
»Leben bis in die Ewigkeit!«

134

Ein Wallfahrtsgesang.

Auf denn! Segnet den Herrn, /
all ihr Knechte des Herren,*
die ihr zur Nacht im Haus des Herrn steht!

2 Erhebt eure Hände zum Heiligtum,*
mit Lob den Herrn zu segnen!

3 »Es segne dich der Herr vom Zion her,*
er, der Himmel und Erde gemacht hat!«

135

1 Halleluja!

Lobet den Namen des HERRN,*
lobt ihn, ihr Knechte des HERREN,

2 die ihr steht im Hause des HERRN,*
in den Höfen des Hauses unseres Gottes.

3 Lobt den HERRN, denn der HERR ist gütig,*
spielt seinem Namen, denn er ist freundlich!

4 Denn der HERR hat sich Jakob erwählt,*
Israel zu seinem Eigentum.

5 Ja, das weiß ich: Groß ist der HERR,*
unser HERR ist größer als alle Götter.

6 Was immer er will – der HERR vollbringt es*
im Himmel und auf Erden, im Meer und in allen Tiefen.

7 Die Wolken führt er herauf vom Ende der Erde, /
macht Blitze und Regen,*
den Sturmwind holt er aus seinen Speichern.

8 Er schlug die Erstgeburt Ägyptens*
vom Menschen bis zu den Tieren.

9 Er sandte Zeichen und Wunder in deine Mitte, Ägypten,*
gegen den Pharao und all seine Knechte.

10 Viele Völker schlug er nieder*
und tötete mächtige Könige:

11 Sihon, den König der Amoriter, /
und Og, den König von Baschan,*
und alle Königreiche Kanaans,

12 und gab ihr Land zum Erbe,*
zum Erbe seinem Volke Israel.

13 HERR, dein Name währt in Ewigkeit,*
Herr, das Gedenken an dich währt durch alle Geschlechter.

14 Denn der HERR schafft Recht seinem Volke*
und hat Mitleid mit seinen Knechten.

15 Die Götzen der Völker sind Silber und Gold,*
Machwerk sind sie von Menschenhand.

16 Sie haben einen Mund und reden nicht,*
sie haben Augen und sehen nicht,

17 sie haben Ohren und hören nicht,*
kein Atem ist in ihrem Munde.

18 Es werden ihnen gleichen, die sie machen,*
alle, die auf sie vertrauen.

19 Haus Israel, preise den HERRN!*
Preise den HERRN, Haus Aaron!

20 Haus Levi, preise den HERRN!
Die ihr den HERREN fürchtet, preiset IHN!

21 Gepriesen sei der HERR vom Zion her,*
er, der wohnt in Jerusalem!

Halleluja!

136

1 Danket dem HERRN, denn er ist gütig!*
 – denn seine Huld währt ewig! –

2 Danket dem Gott der Götter!*
 – denn seine Huld währt ewig! –

3 Danket dem Herrn der Herren!*
 – denn seine Huld währt ewig! –

4 Er allein tut große Wunder:*
 – denn seine Huld währt ewig! –

5 Er machte den Himmel in Weisheit.*
 – denn seine Huld währt ewig! –

6 Er hat die Erde gefestigt über den Wassern.*
 – denn seine Huld währt ewig! –

7 Er machte die großen Leuchten:*
 – denn seine Huld währt ewig! –

8 die Sonne als Herrscher des Tages,*
 – denn seine Huld währt ewig! –

9 als Herrscher der Nacht den Mond und die Sterne.*
 – denn seine Huld währt ewig! –

10 In ihrer Erstgeburt schlug er die Ägypter.*
 – denn seine Huld währt ewig! –

11 Er führte Israel aus ihrer Mitte*
 – denn seine Huld währt ewig! –

12 mit starker Hand und ausgestrecktem Arme.*
 – denn seine Huld währt ewig! –

13 Das Schilfmeer zerschnitt er in Teile.*
 – denn seine Huld währt ewig! –

14 Er ließ Israel mitten hindurchziehn.*
 – denn seine Huld währt ewig! –

15 Er warf den Pharao samt seinem Heer ins Schilfmeer.*
 – denn seine Huld währt ewig! –

16 Er führte sein Volk durch die Wüste.*
 – denn seine Huld währt ewig! –

17 Große Könige hat er geschlagen,*
 – denn seine Huld währt ewig! –

18 mächtige Könige hat er getötet:*
 – denn seine Huld währt ewig! –

19 Sihon, den König der Amoriter,*
 – denn seine Huld währt ewig! –

20 Og, den König von Baschan.*
 – denn seine Huld währt ewig! –

21 Er gab ihr Land zum Erbe,*
 – denn seine Huld währt ewig! –

22 Israel, seinem Knecht, zum Erbe.*
 – denn seine Huld währt ewig! –

23 Er gedachte unser in unsrer Erniedrigung.*
   – denn seine Huld währt ewig! –

24 Er entriß uns unseren Feinden.*
   – denn seine Huld währt ewig! –

25 Nahrung gibt er allen Geschöpfen.*
   – denn seine Huld währt ewig! –

26 Danket dem Gott des Himmels!*
   – denn seine Huld währt ewig! –

137

1 An Babels Strömen saßen wir und weinten,*
da wir an Zion dachten.

2 An die Weiden in jenem Land*
hängten wir unsere Harfen.

3 Denn dort verlangten von uns die Zwingherren Lieder,/
unsere Peiniger forderten Jubel:*
»Singt uns eins von den Liedern Zions!«

4 Wie könnten wir singen die Lieder des HERRN*
fern, auf fremder Erde?

5 Wenn ich dich je vergesse, Jerusalem,*
dann soll meine Rechte die Griffe vergessen!

6 Die Zunge klebe mir am Gaumen,/
wenn ich deiner nicht mehr gedenke,*
wenn ich Jerusalem nicht zum Gipfel meiner Freude erhebe.

7 Gedenke, HERR, des Tages von Jerusalem,/
denk an die Söhne Edoms, die sagten: »Reißt nieder,*
bis auf den Grund reißt es nieder!«

8 Tochter Babel, der Verwüstung Geweihte,/
wohl dem, der dir heimzahlt,*
der dir antut, was du uns angetan.

9 Wohl dem, der deine Brut ergreift*
und sie am Felsen zerschmettert.

138

Ein Davidslied.

Ich will dir danken, Herr, aus ganzem Herzen,*
vor den Engeln will ich dir singen und spielen.

2 Ich will mich niederwerfen zu deinem heiligen
    Tempel hin, /
will deinen Namen feiern*
um deiner Liebe willen und deiner Treue.

Denn deine Verheißung hast du groß gemacht*
aufgrund deines herrlichen Namens.

3 Am Tag, da ich rief, gabst du mir Antwort,*
du hast mir in der Seele Kraft geweckt.

4 Danken sollen dir, Herr, alle Herrscher der Erde,*
wenn sie die Worte deines Mundes vernehmen.

5 Sie sollen singen auf den Wegen des Herrn:*
»Die Herrlichkeit des Herrn ist gewaltig.«

6 Ja, der Herr ist erhaben, /
doch er schaut auf den Niedrigen,*
den Stolzen erkennt er von ferne.

7 Muß ich auch gehen inmitten der Drangsal,*
du erhältst mich am Leben trotz der Wut meiner Feinde.

Du streckst deine Hand aus,*
ja, deine Rechte hilft mir.

8 Der HERR wird meine Sache führen. /
HERR, deine Liebe währt ewig!*
Laß nicht ab vom Werk deiner Hände.

139

DEM MUSIKMEISTER. EIN DAVIDSLIED.
EIN PSALM.

HERR, du erforschst und du kennst mich, /
2 ob ich sitze oder stehe, du weißt es.*
Meine Gedanken durchschaust du von ferne.

3 Ob ich gehe oder ruhe – du ermißt es,*
du bist vertraut mit all meinen Wegen.

4 Mir kommt kein Wort auf die Zunge,*
das du, o HERR, nicht schon wüßtest.

5 Von hinten und von vorne hältst du mich umfangen,*
du legtest deine Hand auf mich.

6 Zu wunderbar für mich ist solches Wissen,*
zu hoch – ich kann es nicht erfassen.

7 Wohin soll ich gehen vor deinem Geist,*
wohin vor deinem Antlitz fliehen?

8 Stieg ich empor zum Himmel – du bist dort,*
und legte ich mich nieder in der Unterwelt – du bist
    zugegen.

9 Nähm ich der Morgenröte Flügel*
und ließe mich nieder am Ende des Meeres

10 – auch dort führt mich deine Hand,*
und deine Rechte hält mich.

11 Und sagte ich: »Die Finsternis soll mich verschlingen,*
   wie sonst das Licht soll mich die Nacht umgeben!«

12 – vor dir ist auch die Finsternis nicht finster: /
   die Nacht strahlt wie der Tag,*
   wie das Licht ist die Finsternis.

13 Du hast mein Innerstes gebildet,*
   hast mich gewoben im Schoß meiner Mutter.

14 Ich danke dir, daß ich so staunenswert und wundersam gemacht bin.*
   Ja, das weiß ich: Wunderbar sind deine Werke!

15 Dir waren meine Glieder nicht verborgen, /
   als ich gestaltet wurde im Geheimen,*
   kunstvoll gewirkt in den Tiefen der Erde.

16 Deine Augen sahen, wie ich entstand,*
   in deinem Buch war schon alles verzeichnet.

   Meine Tage waren schon gebildet,*
   als noch keiner von ihnen da war.

17 Wie hoch, o Gott, sind mir deine Gedanken,*
   wie gewaltig ist ihre Fülle!

18 Wollt ich sie zählen, /
   es wären mehr als die Körner im Sand! –*
   Ich erwache: und immer noch bin ich bei dir.

19 O Gott, vernichte doch den Frevler!*
   Ihr blutgierigen Menschen, laßt ab von mir!

20 Sie reden gegen dich voll Arglist.*
Im Wahn erheben sich deine Gegner.

21 Sollten mir nicht verhaßt sein, o HERR, die dich hassen?*
Ein Greuel sind mir, die sich gegen dich empören!

22 Ganz und gar lehne ich sie ab!*
Mir selber wurden sie zu Feinden!

23 Erforsche mich, Gott, und erkenne mein Herz,*
prüfe mich, wisse um meine Gedanken!

24 Schau her, ob ich auf einem Weg bin, der dich kränkt,*
und führe mich auf dem Weg der Ewigkeit!

140

DEM MUSIKMEISTER. EIN DAVIDSPSALM.

2 Rette mich, HERR, vom bösen Menschen,*
  vor gewalttätigen Leuten behüte mich!

3 Vor denen, die Böses im Herzen sinnen,*
  die Kriege schüren jeden Tag.

4 Sie haben spitze Zungen wie die Schlangen,*
  Viperngift ist hinter ihren Lippen.

5 Bewahre mich, HERR, vor den Händen der Frevler,/
  vor Leuten der Gewalt behüte mich!*
  Mich zum Straucheln zu bringen, das ist ihr Plan.

6 Hochmütige legen heimlich mir Schlingen,/
  sie spannen mir Stricke zum Fangnetz,*
  stellen mir Fallen am Weg.

7 Ich sage zum HERRN: Mein Gott bist du!*
  Vernimm, o HERR, mein lautes Flehn.

8 HERR, du mein Herr, du meine starke Hilfe,*
  du schirmst mein Haupt am Tage der Schlacht.

9 HERR, laß die Gier der Frevler nicht zu,/
  laß ihren Plan nicht gelingen.*
  Sie sind ja so überheblich.

10 Das Gift derer, die mich umzingeln,*
   das Unheil ihrer Lippen treffe sie selbst.

11 Glühende Kohlen sollen auf sie fallen; /
   stürze sie tief hinab in den Abgrund,*
   so daß sie sich nie mehr erheben!

12 Der Verleumder bleibe nicht bestehen im Lande!*
   Schlag auf Schlag treffe Böses den Mann der Gewalt!

13 Ich bin gewiß: Der HERR führt die Sache des Armen,*
   den Elenden schafft er Recht.

14 Ja, die Gerechten werden deinen Namen preisen,*
   die Redlichen werden vor deinem Angesicht wohnen.

141

Ein Davidspsalm.

O Herr, ich rufe zu dir,*
eile mir zu Hilfe!

Höre doch meine Stimme,*
wenn ich zu dir rufe!

2 Als Rauchopfer gelte mein Beten vor dir,*
als Abendopfer gelte meiner Hände Erheben!

3 Herr, stelle vor meinen Mund eine Wache,*
behüte das Tor meiner Lippen.

4 Neige mein Herz nicht zu Bösem,*
damit ich nicht gottlose Taten vollbringe

zusammen mit Menschen, die Unheil stiften.*
Ihre Leckerbissen will ich nicht kosten.

5 Der Gerechte mag mich schlagen – es ist Liebe, /
er mag mich züchtigen – es ist Salböl;*
mein Haupt wird sich nicht dagegen sträuben.

Ja mehr noch, für die Frevler bete ich*
trotz ihrer Bosheit.

6 Fallen sie in die Hände des Felsen, der ihr Richter ist,*
dann werden sie erkennen: Meine Worte waren
    freundlich.

7 Wie beim Aufwühlen und Pflügen der Erde, /
   (wenn man die Steine an den Rand des Ackers wirft,)*
   so sind unsere Knochen hingestreut an den Rand
      der Totenwelt.

8 Doch meine Augen richten sich auf dich, /
   HERR, mein Gebieter,*
   bei dir berge ich mich, gieße nicht aus mein Leben.

9 Vor der Falle, die sie mir stellen, bewahre mich,*
   vor den Schlingen derer, die Unheil stiften.

10 In ihre Netze werden die Frevler fallen;*
   ich aber werde entkommen.

142

Ein Davids-Maskil. Als er in der Höhle war.
Ein Bittgebet.

2 Mit lauter Stimme schrei ich zum HERRN,*
laut flehe ich zum HERRN um Gnade.

3 Ich schütte vor ihm meine Klage aus,*
tue ihm kund meine Drangsal.

4 Auch wenn mir mein Lebensmut schwindet,*
du weißt um mein Ergehen.

Auf dem Weg, den ich gehen muß,*
stellten sie mir eine Falle.

5 Blicke zur Rechten und schaue:*
Da ist niemand, der sich um mich kümmert.

Mir ist jede Zuflucht genommen,*
niemand fragt nach meinem Leben.

6 Zu dir, o HERR, schreie ich, /
ich sage: »Meine Zuflucht bist du,*
mein Anteil im Lande der Lebenden.«

7 Vernimm doch mein lautes Flehen,*
denn ich bin schwach und elend.

Entreiße mich meinen Verfolgern,*
denn sie sind mir zu mächtig.

8 Führe mich heraus aus dem Kerker,*
damit ich deinen Namen preise.

Um mich werden sich Gerechte scharen,*
weil du dich meiner annimmst.

143

EIN DAVIDSPSALM.

HERR, höre mein Gebet, vernimm mein Flehen,*
in deiner Treue antworte mir, in deiner Gerechtigkeit.

2 Geh mit deinem Knecht nicht ins Gericht,*
ist doch keiner, der lebt, gerecht vor dir.

3 Denn der Feind verfolgt mich, tritt mein Leben
   zu Boden, /
in Finsternis läßt er mich wohnen*
gleich solchen, die längst gestorben sind.

4 Mein Geist verzagt in mir,*
das Herz erstarrt in meinem Innern.

5 Ich denke an die Tage der Vorzeit, /
sinne nach über all deine Taten,*
ich erwäge das Werk deiner Hände.

6 Ich breite nach dir meine Hände aus,*
wie trockenes Land dürstet nach dir meine Seele.

7 Antworte mir bald, o HERR,*
denn mein Geist ist am Ende.

Verbirg mir nicht dein Antlitz,*
sonst gleiche ich jenen, die niederfahren zur Grube.

8 Am Morgen laß mich deine Huld erfahren,*
denn auf dich vertraue ich.

Zeig mir den Weg, den ich gehen soll,*
denn zu dir erhebe ich meine Seele.

9 Entreiße mich meinen Feinden, o HERR,*
zu dir nehme ich meine Zuflucht.

10 Lehre mich deinen Willen tun, /
du bist ja mein Gott,*
dein guter Geist leitet mich auf ebenem Lande.

11 Um deines Namens willen, HERR, erhältst du mich
 am Leben,*
führst mich in deiner Gerechtigkeit heraus aus
 der Drangsal.

12 In deiner Huld bringst du meine Feinde
 zum Schweigen, /
all meine Bedränger läßt du zugrunde gehn,*
weil ich dein Knecht bin.

144

Ein Davidslied.

Gepriesen sei der HERR, mein Fels, /
er lehrt meine Hände den Kampf,*
den Krieg meine Finger.

2 Er, mein Verbündeter und meine Feste,*
meine Burg und mein Retter,

mein Schild, hinter dem ich mich berge,*
er macht mir untertan die Völker.

3 HERR, was ist doch der Mensch, daß du dich
  seiner annimmst,*
das Menschenkind, daß du es beachtest?

4 Der Mensch gleicht einem Hauch,*
seine Tage sind wie ein flüchtiger Schatten.

5 Neig deinen Himmel, o HERR, und steige herab!*
Rühre die Berge an, daß sie rauchen!

6 Schleudre den Blitz und zerstreue die Feinde,*
schieß deine Pfeile und verwirre sie.

7 Streck von der Höhe deine Hände aus, /
errette mich und reiß mich heraus*
aus mächtigen Wassern, aus der Gewalt der Fremden,

8 denn ihr Mund redet Lüge,*
und Meineid schwört ihre Rechte.

9 O Gott, ein neues Lied will ich dir singen,*
auf der zehnsaitigen Harfe will ich dir spielen,

10 dir, der Königen den Sieg verleiht,*
der David, seinen Knecht, errettet.

11 Vom bösen Schwert errette mich,*
entreiß mich der Gewalt der Fremden,

denn ihr Mund redet Lüge,*
und Meineid schwört ihre Rechte.

12 Dann sind unsre Söhne wie junge Bäume,*
hochgewachsen in der Kraft ihrer Jugend.

Unsere Töchter sind wie Säulen,*
die für einen Palast geschnitzt sind.

13 Unsere Speicher sind gefüllt,*
überquellend von vielerlei Vorrat.

Unsere Schafe und Ziegen werfen tausendfach, /
vieltausendfach auf unseren Fluren.*
14 Unser Lastvieh ist allzeit beladen.

Niemand durchbricht unsre Mauern, /
es trifft uns keine Verbannung,*
kein Wehgeschrei erschallt auf unseren Straßen.

15 Selig das Volk, dem solches beschieden ist,*
selig das Volk, das den HERRN zum Gott hat.

145

Ein Lobgesang. Ein Davidslied.

Ich will dich erheben, mein Gott und König,*
und deinen Namen preisen immer und ewig.

2 Tag um Tag will ich dich preisen,*
deinen Namen loben immer und ewig:

3 Groß ist der Herr und hoch zu loben,*
unerforschlich ist seine Größe.

4 Ein Geschlecht rühme dem andern deine Werke,*
sie sollen künden deine gewaltigen Taten.

5 Vom herrlichen Glanz deiner Hoheit will ich reden*
und von den Werken deiner Wunder singen.

6 Von der Macht deiner erschreckenden Taten
    sollen sie sprechen.*
Von deiner Größe will ich erzählen.

7 Sie sollen das Gedächtnis deiner großen Güte jubeln,*
frohlocken über dein gerechtes Walten.

8 Der Herr ist gnädig und barmherzig,*
voll Langmut und reich an Liebe.

9 Der Herr ist gut gegen alle,*
sein Erbarmen waltet über all seinen Werken.

10 Danken sollen dir, Herr, all deine Werke,*
deine Frommen sollen dich preisen.

11 Von der Herrlichkeit deines Königreichs
    sollen sie sprechen,*
  sollen reden von deiner Stärke,

12 den Menschen zu verkünden deine machtvollen Taten*
   und den Glanz deines herrlichen Reiches.

13 Dein Reich ist ein Reich für ewige Zeiten,*
   deine Herrschaft währt durch alle Geschlechter.

   Der HERR ist verläßlich in all seinen Worten,*
   huldvoll in all seinen Werken.

14 Der HERR stützt alle, die fallen,*
   er richtet alle auf, die gebeugt sind.

15 Allen, deren Augen auf dich warten,*
   gibst du zur rechten Zeit ihre Speise.

16 Du tust deine Hand auf*
   und sättigst alles, was lebt, nach Gefallen.

17 Gerecht ist der HERR auf all seinen Wegen,*
   huldvoll in all seinen Werken.

18 Der HERR ist allen, die ihn rufen, nahe,*
   allen, die zu ihm aufrichtig rufen.

19 Er handelt denen zu Gefallen, die ihn fürchten,*
   er hört ihr Schreien und rettet sie.

20 Der HERR behütet alle, die ihn lieben,*
   doch er vernichtet alle Frevler.

21 Mein Mund verkünde das Lob des HERRN! /
   Alles Fleisch preise seinen heiligen Namen*
   auf immer und ewig!

146

1 Halleluja!

Lobe den HERRN, meine Seele! /
2 Loben will ich den HERRN, solange ich lebe,*
will singen meinem Gott, solange ich da bin.

3 Verlaßt euch nicht auf Fürsten,*
auf einen Menschen, der nicht retten kann.

4 Entflieht sein Atem, kehrt er zurück zur Erde,*
an jenem Tage ist es aus mit seinen Plänen.

5 Selig, wer Jakobs Gott zum Helfer hat,*
wer seine Hoffnung auf den HERRN, seinen Gott, setzt.

6 Er hat Himmel und Erde geschaffen, /
das Meer und alles, was darin lebt;*
er hält die Treue auf ewig:

7 Recht schafft er den Unterdrückten, /
den Hungernden gibt er Brot;*
der HERR befreit die Gefangenen.

8 Der HERR öffnet die Augen der Blinden, /
der HERR richtet auf die Gebeugten,*
der HERR liebt die Gerechten.

9 Der HERR beschützt die Fremden, /
die Waisen und Witwen stützt er,*
doch den Weg der Frevler lenkt er in die Irre.

10 König ist der HERR auf ewig,*
dein Gott, o Zion, durch alle Geschlechter.

Halleluja!

147

1 Halleluja!

Preiset den HERRN, /
denn gut ist es, unserem Gott zu spielen,*
ja, es ist schön, sein Lob zu singen.

2 Der HERR errichtet Jerusalem neu,*
er sammelt die Versprengten Israels.

3 Er heilt, die gebrochenen Herzens sind,*
er verbindet ihre Wunden.

4 Er bestimmt die Zahl der Sterne,*
er ruft sie alle beim Namen.

5 Groß ist unser HERR und gewaltig an Kraft,*
seine Einsicht ist ohne Grenzen.

6 Der HERR richtet auf die Gebeugten,*
er drückt die Frevler zu Boden.

7 Stimmt dem HERRN ein Danklied an,*
spielt unserm Gott auf der Harfe!

8 Er bedeckt den Himmel mit Wolken, /
spendet Regen der Erde,*
Gras läßt er auf den Bergen sprießen.

9 Er gibt dem Vieh seine Nahrung,*
den jungen Raben, wonach sie schreien.

10 Keine Freude hat er an der Kraft des Pferdes,*
kein Gefallen am schnellen Lauf des Mannes.

11 Gefallen hat der HERR an denen, die ihn fürchten,*
   die auf seine Güte hoffen.

12 Preise den HERRN, Jerusalem!*
   Lobsinge deinem Gott, o Zion!

13 Denn er hat die Riegel deiner Tore gefestigt,*
   die Kinder in deiner Mitte gesegnet.

14 Er umgibt dein Gebiet mit Frieden,*
   er sättigt dich mit bestem Weizen.

15 Er sendet sein Wort zur Erde,*
   rasch eilt dahin sein Wille.

16 Er spendet Schnee wie Wolle,*
   streut den Reif aus wie Asche.

17 Sein Eis wirft er herab wie Brocken,*
   vor seinem Frost – wer kann da bestehen?

18 Er sendet sein Wort aus und läßt sie schmelzen,*
   er läßt seinen Wind wehn – da rieseln die Wasser.

19 Er verkündet Jakob sein Wort,*
   Israel seine Gesetze und Rechte.

20 So hat er an den andern Völkern nicht gehandelt,*
   sie lernten das Recht nicht kennen.

   Halleluja!

148

1 Halleluja!

Lobet den HERRN vom Himmel her,*
lobt ihn in den Höhen:

2 lobt ihn, all seine Engel,*
lobt ihn, all seine Scharen,

3 lobt ihn, Sonne und Mond,*
lobt ihn, all ihr leuchtenden Sterne,

4 lobt ihn, ihr Himmel der Himmel*
und ihr Wasser über dem Himmel!

5 Sie sollen loben den Namen des HERRN!*
Denn er gebot, und sie waren erschaffen.

6 Er stellte sie hin für immer und ewig,*
gab ein Gesetz, und nie vergeht es.

7 Lobet den HERRN von der Erde her:*
ihr Ungeheuer und all ihr Tiefen,

8 Feuer und Hagel, Schnee und Nebel,*
du Sturmwind, der seinen Willen ausführt,

9 ihr Berge und all ihr Hügel,*
ihr Fruchtbäume und alle Zedern,

10 ihr wilden Tiere und alles Vieh,*
kriechende Wesen und gefiederte Vögel,

11 ihr Könige der Erde und alle Völker,*
ihr Fürsten und alle Richter der Erde,

12 ihr jungen Männer und auch ihr Mädchen,*
   ihr Alten mit den Jungen!

13 Sie sollen loben den Namen des HERRN! /
   Denn sein Name allein ist erhaben.*
   Seine Hoheit strahlt über Erde und Himmel.

14 Die Kraft seines Volkes hat er erhoben /
   zum Lob für all seine Frommen,*
   für Israels Kinder, das Volk, das ihm nahe ist.

   Halleluja!

149

1 Halleluja!

Singet dem HERRN ein neues Lied,*
seinen Lobpreis in der Gemeinde der Frommen!

2 Israel freue sich seines Schöpfers,*
die Kinder Zions sollen jauchzen über ihren König.

3 Seinen Namen sollen sie loben im Reigen,*
ihm spielen auf Pauke und Harfe.

4 Denn der HERR hat Gefallen an seinem Volk,*
er krönt mit Sieg die Unterdrückten.

5 In Herrlichkeit sollen die Frommen frohlocken,*
sollen jauchzen auf ihren Lagern.

6 Die Rühmung Gottes sei in ihrem Munde:*
ein zweischneidiges Schwert in ihren Händen,

7 Vergeltung zu üben an den Nationen,*
Zurechtweisung an den Völkern,

8 in Fesseln zu schlagen ihre Könige,*
ihre Fürsten in eiserne Ketten,

9 Gericht zu halten über sie, wie es geschrieben steht.*
Eine Ehre ist das für all seine Frommen.

Halleluja!

150

1 Halleluja!

Lobt Gott in seinem Heiligtum,*
lobt ihn in seiner mächtigen Feste!

2 Lobt ihn ob seiner gewaltigen Taten,*
lobt ihn in der Fülle seiner Hoheit!

3 Lobt ihn mit dem Schall der Posaunen,*
lobt ihn mit Harfe und Leier!

4 Lobt ihn mit Pauke und Reigen,*
lobt ihn mit Flöten und Saitenspiel!

5 Lobt ihn mit hellen Zimbeln, /
lobt ihn mit schmetternden Zimbeln!*
Alles, was Atem hat, lobe den HERRN!

Halleluja!

Anhang

Nachwort

Der Münsterschwarzacher Psalter unter den deutschen Psalmenübersetzungen

Als Rhabanus Erbacher vor zwei Jahren in einem hohen liturgischen Gremium die Münsterschwarzacher Übersetzung der Psalmen vorstellte, wurde er gefragt: »Warum bringen Sie diese Übersetzung nicht auch als zusammenhängenden Text heraus? Warum muß man, um sie kennenzulernen, regelmäßig an klösterlichen Gebetszeiten teilnehmen oder sich ein dreibändiges Klosterantiphonale kaufen und die Psalmen darin je einzeln heraussuchen – denn dort stehen sie ja nicht in der biblischen Reihenfolge und sind zwischen anderen Texten und vielen gregorianischen Noten versteckt? Wäre es nicht sinnvoll, die Übersetzung auch als Lese- und Meditationsbuch zugänglich zu machen, also als durchlaufenden Bibeltext?«

Pater Rhabanus hörte diese Frage offensichtlich nicht zum erstenmal. Er antwortete sehr verbindlich, aber doch klar und entschieden: Man wolle im Raum der katholischen Kirche keine Konkurrenz zur »Einheitsübersetzung« aufbauen. Ferner sei diese neue Übersetzung – selbst sie andere Übersetzungen vielleicht in manchem übertreffe – doch ganz spezifisch für das klösterliche Stundengebet geschaffen worden. Da komme es vor allem auch auf die Singbarkeit des Textes an. Ferner müsse ein sprachlicher Bezug zu den Nachbarpsalmen in den jeweiligen Tagzeiten entstehen. In einem durchlaufenden Lese- und Meditationspsalter müßten gerade diese Werte – das Zueinander von Sprache und Melodie und die Spannung und Harmonie mit den Nachbarpsalmen der gleichen Hore –

verlorengehen. Deshalb habe man doch lieber auf eine Ausgabe als »Lesepsalter« verzichtet.

Jetzt wird also doch ein Lesepsalter gedruckt. Vermutlich ist die Nachfrage danach gewachsen, und das Bedürfnis, das hinter dieser Nachfrage steht, hat seine Konturen deutlicher gezeigt. Vielleicht kam die Nachfrage auch gerade aus den Kreisen derer, welche die Psalmen in dieser Übersetzung täglich singen. Sie hätten sie außerhalb des Chorgesangs gern auch in anderer Ausstattung zur Hand.

Wenn ein solches Werk eine neue Gestalt annimmt, wird es auch neu wahrgenommen. In einer solchen Situation ist es sinnvoll, nach den Ursprüngen zu fragen und neu zu versuchen, es zu charakterisieren.

Die Gebetszeiten der Klöster waren stets vom lateinischen Psalmengesang dominiert. Manche Klöster singen die Psalmen auch noch heute auf Latein. Doch ein Teil der Klöster ist nach dem Zweiten Vatikanischen Konzil (1962–1965) im Zuge der allgemeinen liturgischen Entwicklung zur Landessprache übergegangen. An dieser Stelle beginnt die Vorgeschichte des Münsterschwarzacher Psalters. Er war von Anfang an keine Privatarbeit und kein literarisches Unternehmen. Es ging um die Übertragung des konkreten klösterlichen Stundengebets in die deutsche Sprache, und es ging um dessen gesungene Gestalt. Im deutschen Sprachraum wurde daran in mehreren Ansätzen nebeneinander gearbeitet. Ich verfolge jetzt nur den Ansatz, der zum Münsterschwarzacher Psalter geführt hat. Dieser hat sich inzwischen im deutschsprachigen Raum weithin durchgesetzt.

Seine Schöpfer kommen aus verschiedenen benediktinischen Klöstern. Das Wort »Münsterschwarzach« im Namen deutet an, daß im Kloster Münsterschwarzach die Redaktion saß, daß dort die meisten Arbeitsgruppentreffen stattfanden und daß das »Benediktinische Antiphonale«, zu dem die Übersetzung als integrierender Teil gehört, dort verlegt und gedruckt worden ist – ebenso wie dort auch vorher schon eine ältere Version erarbeitet und verlegt worden war (das »Deutsche Antiphonale«).

Der deutsche Psalmentext war nur ein Teil dessen, was nach dem Konzil geschaffen werden mußte. Beim Psalmengesang ist der einzelne Psalm von Kehrversen umrahmt, die musikalisch auf besondere Weise gestaltet sind, den »Antiphonen«. Sie waren natürlich auch lateinisch. Die Melodien kamen aus der »gregorianischen« Singtradition des frühen Mittelalters. Die ursprünglichen Prinzipien und die ursprüngliche Gestalt dieses Sprechgesangs wurden erst seit der Mitte des letzten Jahrhunderts von der Forschung wiederentdeckt. Nun mußten also neue deutsche Antiphonen geschaffen werden, und für sie mußten aus dem Geist des ursprünglichen musikalischen Ansatzes neue Melodien entwickelt werden. Auch die melodischen Kadenzen des Psalmengesangs selbst mußten für die Eigentümlichkeiten der deutschen Sprache abgewandelt werden. Hier im Musikalischen war vor allem der Beitrag von Godehard Joppich wichtig. Zuvor schon wurden die Gesamtstruktur des benediktinischen Stundengebets und die Verteilung der Psalmen auf die einzelnen Tage und Tagzeiten neu durchdacht. Das war das Werk von Notker Füglister. Es ging also nicht nur um den Psalmentext. Doch er war das Herzstück.

Weil vom gregorianischen Modell her eine ganz bestimmte Art von Singbarkeit gefordert war, konnte man zum eigenen Bedauern nicht einfach auf eine der vorhandenen Psalmenübersetzungen zurückgreifen. In jener ersten Phase der Arbeit, die schließlich zu den verschiedenen Bänden des »Deutschen Antiphonale« (erschienen 1969–1974) führte, hatte man noch nicht die Absicht, neu zu übersetzen. In dieser ersten Phase waren vor allem Musiker am Werk. Sie hatten rund einhalb Dutzend Übersetzungen und Kommentare auf dem Arbeitstisch liegen und erarbeiteten von ihnen aus einen singbaren Text. Wie für das schon 1971 erschienene »Monastische Brevier« dürften hier auch schon Vorstufen der Deutschen Einheitsübersetzung benutzt worden sein. Leitend war jedoch die schöne Psalmenübersetzung von Romano Guardini. Guardini hatte allerdings nicht den hebräischen Urtext übersetzt, sondern die neue lateinische Psalmenübersetzung, die Papst Pius XII. für das Breviergebet der Priester herausgebracht hatte (»Psalterium Pianum«). Im ganzen entstand aus all dem ein Mischtext. Zudem wurde einige Jahre später in vielen Klöstern bei jenen Tagzeiten, die man nur rezitierte, die »Deutsche Einheitsübersetzung« zugrunde gelegt, die für den Psalter seit 1976 in definitiver Form zur Verfügung stand. Man benutzte also zwei Psalmentexte nebeneinander – und das ist schlecht, wenn man mit Texten geistlich leben will.

So wurde in den achtziger Jahren eine gründliche Überarbeitung des bisherigen Psalmentextes beschlossen. Neben den Musikern bestimmten jetzt auch Exegeten das Bild. Bald zeigte sich, daß es keinen Sinn hatte, den Text nur an schlecht gelungenen Stellen zu verbessern. Man mußte durchgehend auf den hebräischen Text zurückgreifen. Man tat es. Natürlich vom bisherigen Text aus und mit ständigem Blick auf die besten vorliegenden Übersetzungen und Kommentare. Vor allem die Deutsche Einheitsübersetzung, Martin Buber, Martin Luther (1545), die Zürcher Bibel, die Traduction Oecuménique und die Bible de Jérusalem wurden konsultiert. Die Arbeit geschah im wesentlichen zwischen 1986 und 1990. Godehard Joppich wirkte noch am Anfang und am Ende der Arbeit mit. Zur eigentlichen Arbeitsgruppe, die sich regelmäßig traf, gehörten als Musiker Rhabanus Erbacher und Roman Hofer, als Exegeten Georg Braulik, Notker Füglister, Pirmin Hugger, Willibald Kuhnigk, zeitweise auch Liudger Sabottka und Christian Brüning - alles Benediktiner, und zwar aus allen deutschsprachigen Ländern.

Das neue »Benediktinische Antiphonale« ist inzwischen in vielen Klöstern und Ordensgemeinschaften im Gebrauch. Es ist akzeptiert. Wegen seiner strukturellen und musikalischen Qualität wird es im deutschsprachigen Raum da, wo man aus dem Psalter lebt und betet, die Spiritualität auf Jahrzehnte hinaus tief prägen, gerade auch durch die neue Psalmenübersetzung. Wenn diese nun auch als Lesepsalter erscheint, stellt sich die Frage, was diese Übersetzung von anderen deutschen Psalmenübersetzungen unterscheidet.

Da ist zunächst einmal das, was im Lesepsalter eigentlich nicht mehr notwendig wäre: die Eignung zu einer ganz bestimmten traditionellen Weise des gemeinsamen Psalmengesangs. Die musikalischen Schlußformeln für die Versmitte und den Versabschluß fordern festliegende Betonungsrhythmen.

Damit sie in einer Übersetzung herauskommen, muß man den Satz oft schon von Anfang an auf eine bestimmte Weise bauen, und man muß die passenden Wörter wählen. Auch fordert das gemeinsame Rezitieren oder Singen überall im Satz eine gewisse Normalität und Lockerheit des Sprachduktus. Diese Begrenzung der Freiheit ist nicht größer als etwa jener Zwang, der in unserer klassischen Dichtung durch das Metrum und die Reime auf den Satzbau und die Wortwahl ausgeübt wird. Eher bleibt etwas mehr Spielraum. Aber diese Formgesetze prägen dennoch die Textgestalt. Mein Eindruck ist, daß die Sprache des »Münsterschwarzacher Psalters« nicht jene Kompaktheit hat, der man etwa bei Martin Buber oder in dem leider fragmentarisch gebliebenen Psalter von Fridolin Stier begegnet. Dennoch hat sie ihre Dichte, es handelt sich auf keinen Fall um ungebundene Prosa. In ihrer sprachlichen Dichte ist sie etwa der revidierten Lutherbibel oder der Einheitsübersetzung vergleichbar.

Diesen ist sie überlegen, sobald man nach dem zugrunde gelegten hebräischen Text fragt. Vor allem durch die Handschriftenfunde von Qumran ist die alttestamentliche Textkritik in eine neue Phase geraten. Die revidierte Lutherbibel und die Einheitsübersetzung spiegeln noch eine Phase der Bibelforschung, in der man den Urtext relativ großzügig veränderte, wo man ihn für verdorben hielt – und das tat man häufig und gern. Inzwischen hat man ein wesentlich höheres Vertrauen zur hebräischen Texttradition gewonnen. Das kommt im Münsterschwarzacher Psalter weithin zum Ausdruck. In dieser Hinsicht ist höchstens Martin Buber oder aus dem französischen Raum die »Traduction Oecuménique« vergleichbar. Die »Elberfelder Bibel« hatte zwar immer schon das Anliegen möglichster Treue zum hebräischen Text, doch ist sie sprachlich blasser.

Dem Urtext näher als manche andere moderne Übersetzung ist der Münsterschwarzacher Psalter auch durch seine Übersetzungsgenauigkeit. Die Bibelwissenschaftler haben in letzter Zeit viel über den Psalter gearbeitet und den Textsinn oft treffender erschlossen. Und die Schöpfer des Münsterschwarzacher Psalters waren offenbar auf dem Laufenden. Oft haben sie mit ganz einfachen Mitteln gearbeitet. So haben sie im grauslichsten aller sogenannten Fluchpsalmen, dem Psalm 109, durch Anführungszeichen kenntlich gemacht, daß es sich dort bei dem schrecklichen Fluchtext nicht um die Worte des Beters, sondern um dessen Zitat der Worte derer handelt, die ihn durch einen Fluch umbringen wollen. Diese Anführungszeichen sind genau richtig. Und in Psalm 114,7 »tanzt« die Erde vor dem Antlitz des Gottes Jakobs, sie »erbebt« nicht vor ihm. Auch das ist richtig. Vieles dieser Art ließe sich nennen. Es gibt auch eine Krankheit, an der schon Martin Luther sich manchmal angesteckt hatte und die in manchen neueren Übersetzungen voll ausgebrochen ist: bei den Verben nicht mehr zwischen Vergangenheit, Gegenwart und Zukunft zu unterscheiden und alles in ein dann überzeitlich und zeitlos wirkendes Präsens zu setzen. Damit hat der Münsterschwarzacher Psalter tapfer ein Ende gemacht. Jetzt weiß man wieder, wann der Beter auf vergangenes Leid zurückblickt und wann er kommendes Glück von seinem Gott erhofft. Ich beschreibe hier Tendenzen. Im einzelnen ließen sich auch am Münsterschwarzacher Psalter noch manche Wünsche anbringen. Aber im ganzen ist er den anderen Übersetzungen durch seine Treffsicherheit voraus.

Ich möchte noch auf zwei weitere Neuerungen des Münsterschwarzacher Psalters aufmerksam machen, die ihn von den gängigen Übersetzungen unterscheiden. Bekanntlich sind die zum heiligen Text selbst gehörenden Psalmentitel für uns weithin unverständlich. Da sie im Stundengebet natürlich nicht gesungen werden, waren sie in dieser Übersetzung ursprünglich nicht berücksichtigt worden. Jetzt sind sie, wie es sich für einen vollständigen Psalter gehört, hinzugefügt, und zwar so, daß da, wo für uns nicht mehr entschlüsselbare Fachausdrücke stehen, keine Übersetzung erraten wird, wie es üblich ist, sondern einfach der hebräische Ausdruck übernommen wird. Das halte ich für gut. Das andere ist die Kennzeichnung des Gottesnamens. Sowohl im Judentum als auch in der christlichen Tradition spricht man aus heiliger Scheu den Gottesnamen nicht aus. In der christlichen Tradition wird er mit »der Herr« wiedergegeben. Dem folgt, anders als die Einheitsübersetzung, auch der Münsterschwarzacher Psalter streng. Er gibt aber dadurch, daß er das Wort »Herr« in solchen Fällen in Kapitälchen setzt (»HERR«), doch deutlich zu erkennen, wo im Urtext der Gottesname steht. So ähnlich hat es schon Luther gemacht.

Eine Entdeckung der allerletzten Jahre in der Psalmenforschung ist die Verkettung der vielen Psalmen untereinander durch Bild- und Stichwortanbindung. Der Psalter zeigt sich plötzlich als ein einziger großer Aussagenstrom, in dem sich der Beter langsam und wie von Wellen getragen voranbewegt. Obwohl diese Übersetzung gar nicht für den Vortrag der

Psalmen in ihrer ursprünglichen Ordnung gedacht war, ist sie doch so genau, daß die Verknüpfungen zwischen aufeinanderfolgenden Psalmen bei ihr oft auch im Deutschen hörbar werden. So wird deutlich, daß der Psalter keine mechanische Sammlung von Liedtexten ist. Die Ordnung der Psalmen ist höchst kunstvoll und subtil komponiert. Benachbarte Psalmen sind aufeinander bezogen und führen ein Gespräch miteinander. Wer den Psalter von Anfang bis Ende durchliest und durchmeditiert, wird einen Weg geführt und macht einen Prozeß durch. Dieser Sinnzusammenhang des Gesamtpsalters kann natürlich nur durch eine Ausgabe vermittelt werden, die der biblischen Anordnung folgt. In der andersartigen Zusammenstellung der Psalmen im Stundengebet kann diese Dimension des Textes nicht vermittelt werden, zumindest nicht unmittelbar. Ich möchte dabei betonen, daß die Psalmenverteilung in jenem benediktinischen Antiphonale, das den Münsterschwarzacher Psalter enthält, aus einer außerordentlich tiefen Einfühlung in die Psalmen und einer tiefen theologischen Kenntnis stammt. Vielleicht ist es die beste und theologisch wertvollste Stundengebetskomposition, die es überhaupt gibt. Dennoch ist die ursprüngliche Theologie des Psalters als Gesamttext noch einmal etwas Eigenes. Sie kann man nur erfassen, wenn man die Psalmen auch in der biblischen Anordnung vor Augen hat. Nicht umsonst sind die frühen Mönche beim Psalmengebet einfach den Psalter entlanggegangen und respektiert auch die Benediktsregel noch über weite Strecken die ursprüngliche Psalmenreihenfolge. Deshalb dürfte der biblisch geordnete Münsterschwarzacher Psalter auch gerade für Menschen, die diese Texte täglich im

Stundengebet singen, noch eine wichtige Komplementärfunktion haben. In diesem Meditationspsalter können sie auch die ursprüngliche Psalmenverknüpfung wahrnehmen und dadurch neue Sinndimensionen des Einzelpsalms entdecken. Diese werden dann auch beim Psalmensingen im Chor mitschwingen und den Gesang vertiefen. Gerade auch deshalb ist es so zu begrüßen, daß der Münsterschwarzacher Psalter nun auch als Lesepsalter in der ursprünglichen Psalmenabfolge vorliegt.

So kann ich nur wünschen, daß er seine Käufer und vor allem seine Beter findet. Wie sehr haben wir es verlernt, vor Gott zu klagen und seine mächtigen Taten zu rühmen. Vielleicht kann dieser Psalter vielen von uns neu dabei helfen.

NORBERT LOHFINK SJ
Frankfurt am Main

Mit Psalmen leben

Mit den Psalmen den Rhythmus des Tages gestalten

Das griechische Wort »Psalmos« bedeutet »ein Lied für ein Saiteninstrument«. Die Psalmen waren immer Poesie, Gesang und Gebet zugleich. Im christlichen Mönchtum ist das singende Beten der Psalmen zu festen Tageszeiten eine uralte Tradition, die sich bis heute erhalten hat – auch im Benediktinerorden, zu dem wir Mönche der Abtei Münsterschwarzach gehören.

Frühmorgens (»Morgenhore« aus »Vigil« und »Laudes«, 5 Uhr), mittags (»Mittagshore«, 12 Uhr), abends (»Vesper« oder »Abendhore«, 18 Uhr) und zur Nacht (»Komplet« oder »Nachthore«, 19.30 Uhr) treffen wir Mönche uns zum Chorgebet, bei dem wir über die sieben Tage der Woche verteilt gemeinsam alle 150 Psalmen beten.

Dieses Stundengebet begleitet so tagein, tagaus unser Leben, bildet gemeinsam mit der Arbeit, mit dem Schlaf und den gemeinsamen Mahlzeiten den Rhythmus unseres Tages.

Die nebenstehende Tabelle zeigt, wie sich die 150 Psalmen in unserem Stundengebet auf die einzelnen Tage und Zeiten einer Woche verteilen. (Psalm 119 erscheint in dieser Tabelle nicht. Täglich wird eine seiner »Strophen« nach der Lesung der Vigil als Responsorium gebetet.)

	Morgenhore Vigil			Laudes	Mittagshore		Abendhore	Nachthore
	Invit.	I	II		I	II		
So	81	110 18 2	45 9/10 72	93 3 30 147	118	136	113 114 115 116	4 91 134
Mo	29	1 104 71	94 105 112	110 63 101 135	25	120 121 122	33 61 28 48	34
Di	67	6 107 7	74 73 77	98 90 65 117	42/3	123 124 125	75 140 26 145	139
Mi	46	78 132	58 19 49 82	97 36 57 149	44	126 127 128	103 86 85 87	32 62 133
Do	24	39 37 41	50 68 83	47 76 5 148	55	129 130 131	111 23 84 40	102
Fr	8	88 69 38	60 106 79	96 143 64 146	22	11 12 13	144 141 142 27	31
Sa	95	59 109 56	137 89 80	99 51 92 150	35	52 14 54	66 20 21 138	15 17 16

Viele Menschen, die nicht in einem Kloster leben, versuchen, etwas von dieser Tradition des Stundengebets in ihr Leben zu integrieren – sei es, daß sie die Psalmen bewußt als Gebet verstehen, sei es, daß sie sich von den Psalmgedichten, wie von anderer guter Literatur auch, durchs Leben begleiten lassen wollen. Für sie wird es zeitlich kaum möglich sein, alle Psalmen der Bibel in einer Woche zu lesen.

Die eine mag den Tag bewußt mit einem oder mehreren Psalmen beginnen, der andere hält mittags mit ihnen für einen Moment inne, ein dritter geht nach getaner Arbeit mit einem Psalm in den Feierabend, und wieder eine andere will sich spätabends von einem Psalm in den Schlaf hinübertragen lassen.

Als Einladung an Sie, liebe Leserin, lieber Leser, haben wir aus der Verteilung der Psalmen im benediktinischen Stundengebet eine Reihe von Psalmen ausgewählt, aus denen Sie sich zu einer Zeit jeweils einen oder mehrere heraussuchen können:

PSALMEN FÜR DEN MORGEN
3, 5, 8, 30, 46, 47, 51, 57, 63, 65, 67, 81, 90, 92, 96, 97, 98, 100, 104, 135, 146, 147, 148, 149, 150

PSALMEN FÜR DIE MITTE DES TAGES
11, 22, 35, 42/43, 55, 118, 120, 121, 122, 123, 124, 125, 126, 127, 128, 129, 130, 131

PSALMEN ZUM ABEND
21, 23, 27, 33, 40, 48, 61, 66, 75, 84, 87, 103, 113, 114, 115, 116, 138, 140, 141, 142, 145

PSALMEN ZUR NACHT
4, 15, 16, 17, 31, 32, 34, 62, 91, 102, 133, 134, 139

Mit Psalmen sich selbst zur Sprache bringen

Als Gebete und Gedichte drücken die Psalmen alle möglichen menschlichen Gefühle und Stimmungen aus. In ihnen spiegelt sich das ganze Spektrum menschlicher Lebenslagen. Mit ihrer Hilfe suchten die Menschen Trost oder die Befreiung aus ihrer Angst, wollten sie Gott ihre Dankbarkeit ausdrücken, ihrem Zorn oder ihrer Freude freien Lauf lassen oder sich

ALTWERDEN Psalm 71	GEBORGENHEIT Psalm 91, 139
ANGST Psalm 22	GOTT AN MEINER SEITE Psalm 34
DANKBARKEIT Psalm 34, 138	HASS Psalm 18, 38–43, 83
DUNKELHEIT Psalm 42/43	HILFERUF Psalm 61
EINSAMKEIT Psalm 102	KRANKHEIT Psalm 28
FREUDE Psalm 65, 92	LIEBE Psalm 116
FREUDE ÜBER DIE SCHÖPFUNG Psalm 8, 104	LOB GOTTES Psalm 33, 145

bewußt für eine Reise rüsten. Wir laden Sie ein, sich auf diese Tradition einmal einzulassen, wenn Ihre Stimmung oder Ihre konkrete Situation danach ist – gleich, ob Sie den Psalm wie ein gutes Gedicht lesen, das immer auch Lebenshilfe ist, oder ihn als Gebet an Gott richten.

Br. Felix Döpfner OSB, Andreas Wagner, Lektor

Schmerz und Leid
Psalm 102

Schuld
Psalm 51

Segensbitte
Psalm 20

Stille
Psalm 62

Trauer
Psalm 80

Traurigkeit
Psalm 142

Trost
Psalm 27

Überforderung
Psalm 31

Unterwegs
Psalm 122

Vertrauen
Psalm 37

Verzeihen und Vergeben
Psalm 56

Zorn und Wut
Psalm 35, 94

Zuversicht
Psalm 18, 107

Mit Psalmen unterwegs sein

Aber im Mannesjahr
maß er, ein Vater der Dichter,
in Verzweiflung
die Entfernung zu Gott aus
und baute der Psalmen Nachtherbergen
für die Wegwunden.

NELLY SACHS im Gedicht DAVID

Da meint doch die Dichterin, Beten sei: »die Entfernung zu Gott ausmessen«. Tatsächlich, so ist es – wie wir ja auch mit menschlichen Worten einander suchen gehen. »Wo bist du?« oder: »Bist du noch da?« rufen, flüstern, werben doch alle Liebesworte. Das läßt sich ausbauen: »Wie bist Du für mich da? Wirst du auch in jener Bedrängnis noch da sein? Stehst du zu mir, obwohl ...?«

In »Verzweiflung« habe David die Entfernung zu Gott ausgemessen. Wir können ergänzen: in Bitterkeit, in Wut hat er gebetet – manchmal. Manche Heutige tun, als ob das unanständig sei. Es ist so, wie das Herz ist: hell und dunkel.

Die Worte, mit denen das Herz unterwegs ist, türmen sich Steinen gleich, ergeben eine Schutzmauer, einen Wall, ein Haus gegen das Draußen. Sie werden zur Herberge jeglicher Nacht.

Gebet ist der Vorgang, sich zu bergen, sich zur Ruhe kommen zu lassen, sich einhüllen zu lassen, sich anzuschmiegen, wie zu Kindertagen. Denn fortwährend empfängt der Mensch Wunden. Unterwegs kann es gar nicht anders zugehen.

Also bedarf das Leben beständig einer Sprache, die auslotet; es braucht Worte, die schützen, oder Heimat machen oder Ausweg zeigen; es muß Herbergen geben, wenn Nacht über einen fällt.

Die Psalmen sind seit dreitausend Jahren von unzähligen Menschen derart gebraucht worden: Gebete wie Landkarte und Wanderstab.

P. Meinrad Dufner OSB